Paul Kevenhörster · Dirk van den Boom

Entwicklungspolitik

Elemente der Politik

Herausgeber:

Hans-Georg Ehrhart
(Institut für Friedensforschung und Sicherheitspolitik
an der Universität Hamburg, IFSH)
Bernhard Frevel
(Fachhochschule für öffentliche Verwaltung NRW, Münster)
Klaus Schubert
(Institut für Politikwissenschaft, Westfälische Wilhelms-Universität Münster)
Suzanne S. Schüttemeyer
(Institut für Politikwissenschaft, Martin-Luther-Universität Halle-Wittenberg)

Die ELEMENTE DER POLITIK sind eine politikwissenschaftliche Lehrbuchreihe. Ausgewiesene Expertinnen und Experten informieren über wichtige Themen und Grundbegriffe der Politikwissenschaft und stellen sie auf knappem Raum fundiert und verständlich dar. Die einzelnen Titel der ELEMENTE dienen somit Studierenden und Lehrenden der Politikwissenschaft und benachbarter Fächer als Einführung und erste Orientierung zum Gebrauch in Seminaren und Vorlesungen, bieten aber auch politisch Interessierten einen soliden Überblick zum Thema.

Paul Kevenhörster
Dirk van den Boom

Entwicklungspolitik

VS VERLAG FÜR SOZIALWISSENSCHAFTEN

Bibliografische Information der Deutschen Nationalbibliothek
Die Deutsche Nationalbibliothek verzeichnet diese Publikation in der Deutschen
Nationalbibliografie; detaillierte bibliografische Daten sind im Internet über
<http://dnb.d-nb.de> abrufbar.

1. Auflage 2009

Alle Rechte vorbehalten
© VS Verlag für Sozialwissenschaften | GWV Fachverlage GmbH, Wiesbaden 2009

Lektorat: Frank Schindler

VS Verlag für Sozialwissenschaften ist Teil der Fachverlagsgruppe
Springer Science+Business Media.
www.vs-verlag.de

Das Werk einschließlich aller seiner Teile ist urheberrechtlich
geschützt. Jede Verwertung außerhalb der engen Grenzen des Urheberrechtsgesetzes ist ohne Zustimmung des Verlags unzulässig und
strafbar. Das gilt insbesondere für Vervielfältigungen, Übersetzungen, Mikroverfilmungen und die Einspeicherung und Verarbeitung in
elektronischen Systemen.

Die Wiedergabe von Gebrauchsnamen, Handelsnamen, Warenbezeichnungen usw. in
diesem Werk berechtigt auch ohne besondere Kennzeichnung nicht zu der Annahme,
dass solche Namen im Sinne der Warenzeichen- und Markenschutz-Gesetzgebung als
frei zu betrachten wären und daher von jedermann benutzt werden dürften.

Umschlaggestaltung: KünkelLopka Medienentwicklung, Heidelberg
Druck und buchbinderische Verarbeitung: Krips b.v., Meppel
Gedruckt auf säurefreiem und chlorfrei gebleichtem Papier
Printed in the Netherlands

ISBN 978-3-531-15239-4

Vorwort

Das folgende knappe Einführungsbuch in die deutsche Entwicklungspolitik ist aus unseren Standardkursen und Seminaren an der Universität Münster hervorgegangen. Unser Ziel ist es, den Studierenden einen politikwissenschaftlichen Zugang zu einem wichtigen Feld der internationalen Politik in kompakter Form zu bieten. Bei diesem Vorhaben sind uns insbesondere die Erfahrungen mit Seminaren im Gustav-Stresemann-Institut in Bonn sowie in der Katholischen Akademie Franz-Hitze-Haus in Münster zugutegekommen.

In diesem Umfeld haben insbesondere Min.-Dir. a.D. Dr. Winfried Böll, Min.-Dirig. a.D. Karsten Hinrichs und der langjährige Direktor des Deutschen Instituts für Entwicklungspolitik, Dr. Hans-Helmut Taake, wichtige Hinweise für die Schwerpunkte dieses Lehrbuches gegeben. Bei der Sammlung und Aufbereitung des Materials haben Benjamin Laag, Jens Taken, Doris Pasch, Monika Löffler und Marejke Baethge mitgewirkt. An der Erstellung und Redaktion des Manuskripts hat Deniz Yüksel mitgearbeitet.

Ihnen allen sei für ihren Einsatz und vor allem für ihre Geduld herzlich gedankt.

Münster und Saarbrücken, im November 2008

Paul Kevenhörster   Dirk van den Boom

Inhaltsverzeichnis

Abkürzungsverzeichnis 9

1 **Einführung** 11
   1.1 Warum Entwicklungspolitik? 11
   1.2 Das Politikfeld Entwicklungspolitik: Der vergebliche Versuch einer Abgrenzung 13
   1.3 Einstiege in die politikwissenschaftliche Auseinandersetzung mit der Entwicklungspolitik in Deutschland 15

2 **Was ist Entwicklungszusammenarbeit?** 19
   2.1 Der Entwicklungsbegriff 19
   2.2 Kann man Entwicklung messen? 24
   2.3 Warum Entwicklungszusammenarbeit? 26
   2.4 Empfänger der Entwicklungszusammenarbeit 29
   2.5 Ziele der Entwicklungszusammenarbeit 30
   2.6 Millenniumserklärung/Paris Declaration 34
   2.7 Kohärenz der Entwicklungspolitik 37

3 **Quantität und Ausrichtung der deutschen Entwicklungszusammenarbeit im internationalen Vergleich** 41
   3.1 Höhe der deutschen Entwicklungshilfe im Vergleich 41
   3.2 Partnerländer der deutschen Entwicklungszusammenarbeit 45

		3.3	Instrumente und Ausrichtung der Entwicklungszusammenarbeit in Deutschland	47
		3.4	Budgethilfe	51

4 Akteure 55

    4.1 Akteure in Deutschland 56
    4.2 Internationale Akteure 62
    4.3 Verfahrensablauf für die Planung und Durchführung 64

5 Problemfelder der Entwicklungspolitik 71

    5.1 Staatsversagen 71
    5.2 Ökonomische Probleme 72

6 Evaluation: Diskussion über Qualität und Wirkungen der Entwicklungszusammenarbeit 79

    6.1 Kritik an der Entwicklungszusammenarbeit 79
    6.2 Wozu Evaluation? 80
    6.3 Wie werden Wirkungen gemessen? 82
    6.4 Die Wirksamkeit der Entwicklungszusammenarbeit 86
    6.5 Was lernt man daraus? 90

7 Was bringt die Zukunft? 97

    7.1 Die Partnerschaftsabkommen der Europäischen Union: Einseitige Partnerschaft oder fester Referenzrahmen für Kooperation? 98
    7.2 Entwicklung durch Migration 103

8 Literaturhinweise für vertiefende Studien 109

Abkürzungsverzeichnis

AEL	Aid Effectiveness Literature
AKP-Staaten	Afrika, Karibik und Pazifik Staaten
AWZ	Ausschuss für wirtschaftliche Zusammenarbeit und Entwicklung
BMZ	Bundesministerium für wirtschaftliche Zusammenarbeit und Entwicklung
BNE	Bruttonationaleinkommen
CARICOM	Caribbean Community
CDG	Carl-Duisberg-Gesellschaft
CEMAC	Communauté Économique et Monétaire de l´Afrique
CGD	Centre for Global Development, Washington D.C.
CIM	Centrum für Internationale Migration und Entwicklung
COMESA	Common Market for Eastern and Southern Africa
DAC	Development Assistance Committee
DED	Deutscher Entwicklungsdienst
DEEEP	„Development Exchange Education in Europe" Project
DEG	Deutsche Investitions- und Entwicklungsgesellschaft GmbH
DSE	Deutsche Stiftung für internationale Entwicklung
E+Z	Entwicklung und Zusammenarbeit (Zeitschrift, die von InWEnt herausgegeben wird)
ECOWAS	Economic Community of West African States
ENDA	environnement et développement du tiers-monde
EPA	European Partnership Agreement
EZ	Entwicklungszusammenarbeit
EZE	Evangelische Zentralstelle für Entwicklungshilfe e.V.
FDI	Foreign Direct Investment
FZ	Finanzielle Zusammenarbeit
GDI	Gender-related Development Index
GEM	Gender Empowerment Measure
GIGA	German Institute of Global and Area Studies
GTZ	Deutsche Gesellschaft für Technische Zusammenarbeit
HDI	Human Development Index
HPI	Human Poverty Index
IDA	International Development Association
InWEnt	Internationale Weiterbildung und Entwicklung gGmbH
IWF	Internationaler Währungsfonds
KfW	Kreditanstalt für Wiederaufbau
KZE	Katholische Zentralstelle für Entwicklungshilfe e.V.
LDC	Least Developed Countries
MDG	Millennium Development Goals
MYRADA	Mysore Resettlement and Development Agency

NGO	Non Governmental Organization
NIC	Newly Industrializing Countries
NRO	Nichtregierungsorganisation
ODA	Official Development Assistance (Öffentliche Entwicklungshilfe)
OECD	Organization for Economic Cooperation and Development
PCM	Project Cycle Management
PFK	Projektfortschrittskontrollen
PZ	Personelle Zusammenarbeit
Quango	quasi-nichtstaatliche Organisation
SADC	Southern African Development Community
SID	Society for International Development
TZ	Technische Zusammenarbeit
UN	United Nations
UNDP	United Nations Development Program
UNESCO	United Nations Educational, Scientific and Cultural Organization
UNFPA	United Nations Population Fund
UNHCR	United Nations High Commissioner for Refugees
VENRO	Verband Entwicklungspolitik deutscher Nichtregierungsorganisationen e. V.
WHO	World Health Organization
WPA	Wirtschaftspartnerschaftsabkommen
WTO	World Trade Organization

1 Einführung

1.1 Warum Entwicklungspolitik?

Wer sich wissenschaftlich oder praktisch mit dem weiten Feld der Entwicklungspolitik beschäftigt, sieht sich vor eine Reihe von Herausforderungen gestellt. Es ist anfangs nicht immer leicht, bei diesem Themenfeld, das in besonderer Form Emotion und persönliche Betroffenheit auszulösen imstande ist, die notwendige wissenschaftliche Distanz und rationale Klarheit der Analyse zu bewahren. Wie nur wenige andere Politikfelder bietet das der Entwicklungspolitik Raum für ideologische Auseinandersetzungen, die rasch den relativ engen Bereich praktischer Entwicklungszusammenarbeit – oder vulgo: Entwicklungshilfe – verlassen und sich in ihrer hochabstrakten Endform um die Zukunft der Weltgemeinschaft und ihrer politisch-ökonomischen Verfasstheit drehen.

Dies ist ein interessanter und signifikanter Gegensatz zu der allgemeinen Aufmerksamkeit, die das Politikfeld in der akademischen wie auch der „sonstigen" Öffentlichkeit genießt: Die großen Weltentwürfe, die in der Diskussion um die Ausgestaltung der Nord-Süd-Beziehungen im Rahmen der entwicklungspolitischen Diskussion thematisiert werden, bleiben in der Wahrnehmung der deutschen Politikwissenschaft wie auch der Medien ebenso marginal wie konkrete Analysen und Debatten über Methoden und Instrumente der Entwicklungszusammenarbeit (EZ). Entwicklungspolitik, das Politikfeld, in das im Endeffekt alles hineinzupassen scheint, ist offenbar von geringem Interesse, unterbrochen nur von Eruptionen öffentlicher Reaktion bei den alljährlichen Spendensammlungen der kirchlichen Hilfswerke oder speziellen, medial aufbereiteten Katastrophen.

Im akademischen Bereich, gerade auch in der deutschen Politikwissenschaft, lassen sich die „Entwicklungsfans" an der sprichwörtlich 'einen Hand' abzählen, was allerdings keinen daran hindert, wenn es denn von ihm verlangt wird, auf einer mehr oder manchmal weniger informierten Basis trotzdem zu solchen Fragen Stellung zu nehmen.

Wer sich allerdings ernsthaft mit der Entwicklungspolitik auseinandersetzt, wird mit einem Wechselbad an intellektueller Freude und akademischem Leid konfrontiert. Auf der positiven Seite ist festzuhalten, dass es kaum einen Teilbereich der Politikwissenschaft gibt, der so schnell aus dem provinziellen Dilemma herausführt, in dem weite Teile der akademischen Lehre immer noch zu verharren scheinen. Wer sich mit Entwicklungspolitik befasst, begibt sich sehr schnell auf eine erst virtuelle, bei intensiverer Betrachtung notwendigerweise auch physische Reise in Regionen dieser Welt, die man „normalerweise" nur selten zu Gesicht bekommen würde. Es ist die Konfrontation mit Vielfalt, mit überbordender, unübersichtlicher, kaum erfassbarer und permanent zunehmender Komplexität, die die besondere Faszination ausmacht. Gefährlich ist, dass dabei oft genug nach „**der** Wahrheit" gesucht wird, um diese Komplexität in ein einfaches Erklärungsmodell zu pressen. Die aktuelle Globalisierungsdebatte, die inhaltlich in weiten Teilen zur Entwicklungspolitik gehört, ist ein anschauliches Beispiel. Tatsächlich jedoch stellt dieses Politikfeld viele verschiedene Fragen mit sehr verschiedenen Antworten und vielen „Wahrheiten". Das macht den besonderen Reiz dieses Teilgebietes aus.

Auf der negativen Seite muss man sich damit abfinden, als Exot zu gelten. Sobald man das Dialogbiotop der Universität verlässt, das strukturell gut geeignet ist, auch den abwegigsten Interessen Raum zu bieten, und sich in den Mainstream politischer und auch politikwissenschaftlicher Diskussion begibt (nicht zuletzt, wenn man sich auf die Suche nach einem Arbeitsplatz außerhalb der Universität macht), wird man sehr schnell mit einem relativ hohen Maß an Indifferenz konfrontiert.

Die immer noch nicht überwundene Provinzialität der deutschen internationalen Beziehungen trägt sicher dazu bei, dass Wahrnehmungsschranken im öffentlichen wie akademischen Raum bestehen, sobald der Erkenntnishorizont geographisch den europäischen Kontinent zu verlassen droht. Wer sich mit Entwicklungspolitik befasst, muss sich seine eigene Nische schaffen und darf nicht immer darauf hoffen, ernst genommen zu werden. Der Widerstreit zwischen der komplexen Herausforderung des Politikfeldes mit seinen zahlreichen Ansprüchen (und der Vielzahl an erkennbaren Problemlagen, mit denen man konfrontiert wird) und der Einsicht, relativ allein auf weiter Flur ein relativ klägliches Fähnlein in die Luft zu halten, führt leicht zu erheblichen, manchmal bleibenden Kopfschmerzen. Trotzdem bleibt wahr, was einer der Autoren dieses Bandes dem anderen vor nunmehr

15 Jahren in einer Vorlesung gesagt hat: „Entwicklungspolitik ist das größte Abenteuer, das die Politikwissenschaft zu bieten hat."
Man sollte nur immer etwas Aspirin dabei haben.

1.2 Das Politikfeld Entwicklungspolitik: Der vergebliche Versuch einer Abgrenzung

Im Bereich der Entwicklungspolitik gehen viele Begrifflichkeiten und Definitionen durcheinander. Trotz aller Bemühungen ist es bisher noch nicht zweifelsfrei gelungen, eine allgemein gültige Abgrenzung des Politikfeldes festzulegen. Genauso, wie die Politikwissenschaft als Integrationswissenschaft Aspekte aus der Soziologie, Psychologie, Rechtswissenschaft, Geschichtswissenschaft, Volkswirtschaftslehre usw. in ihren eigenen Kanon aufnimmt und verarbeitet, ist das Feld „Entwicklungspolitik" ein integriertes Teilgebiet der Politikwissenschaft, das dazu noch das Problem aufweist, bereits in seinem Namen einen normativen Anspruch mitzutragen: Es soll um „Entwicklung" gehen, und genauso wie bei der Abgrenzung des Politikfeldes gibt es beileibe keine Einigkeit darüber, was Entwicklung nun eigentlich sein soll. Entwicklungspolitik als Politikfeld ist damit ein Hybridwesen, eine Gemengelage aus vielerlei Quellen, die sich im Regelfall nur additiv darstellen lassen. Dabei verwischen die Begriffe und der Überlappungen gibt es viele. Um einen allgemeinen Überblick zu geben, soll daher hier exakt nur dieser additive Darstellungsansatz gewählt werden – was alles gehört zur Entwicklungspolitik und damit auch zu den von deutscher Seite aus durchgeführten Aktivitäten?

a. *Entwicklungszusammenarbeit.* Darunter fassen wir hier das Bündel an Maßnahmen, Projekten und Programmen der Institutionen staatlicher und nichtstaatlicher Entwicklungszusammenarbeit, deren Ziel es ist, in Ländern mit signifikanten ökonomischen, sozialen, ökologischen und politischen Problemen eine Verbesserung der Lebensumstände für eine Mehrheit der Bevölkerung zu erreichen. Damit ist indirekt bereits eine Anlehnung an eine Definition des Entwicklungsbegriffes vorgenommen worden. Wir werden uns später noch einmal damit befassen.

b. *Außenpolitik.* Über die reinen projektbezogenen Anstrengungen hinaus gehören Aktivitäten im Rahmen der Außenpolitik, etwa zur

Verhandlung und zum Abschluss multilateraler Konventionen und Verträge, in den Bereich der Entwicklungspolitik. Gleiches gilt für das Engagement in internationalen Organisationen sowie für geostrategische und geoökonomische Überlegungen, da die ökonomische und politische Verfasstheit vieler betroffener Länder durch diese entweder direkt oder indirekt mit beeinflusst werden.

c. *Außenwirtschaftspolitik, Wirtschaftspolitik.* Als Teil der Außenpolitik müssen Aktivitäten wie Investitionsförderungen sowie Rahmenbedingungen für internationalen Handel und Austausch von Kapital, Gütern, Dienstleistungen und Personen in die Betrachtung der entwicklungspolitischen Analyse mit einbezogen werden, auch wenn diese ursprünglich keine genuin entwicklungspolitische Stoßrichtung haben. Makro- und Mikroökonomie spielen ebenfalls eine relevante Rolle.

d. *Migrations- und Umweltpolitik.* Ein- und Auswanderung ist ebenso Teil des entwicklungspolitischen Diskurses – dazu gehören auch wiederum Teilgebiete wie etwa die Asylpolitik – wie die Frage nach ökologischen Zusammenhängen, die oft von denen nachhaltiger Entwicklung nicht zu trennen sind. Entwicklungspolitik ist vor allem in den letzten 20 Jahren in zunehmendem Maße auch international tätige Umweltpolitik geworden. Aktuelle Migrationspolitik wird immer von dem Argument begleitet, eine effektive Entwicklung in den Herkunftsländern von Migration würde Einwanderung kontrollierbar machen.

e. *Ethnologie und Anthropologie.* Fragen nach der Reaktion von Kulturen auf Modernisierungsentwicklungen, das richtige, kulturell angepasste Design von Entwicklungsprojekten sowie die Rahmenbedingungen von Entwicklung werden mit Fachwissen aus diesen Bereichen angereichert.

Damit ist nicht gesagt, dass diese fünf Teilbereiche tatsächlich alle möglichen Facetten abzudecken in der Lage wären. Aber wenn man sie betrachtet, hat man den Themenkanon des Politikfeldes einigermaßen im Griff. Hat man sich einmal entschlossen, der Entwicklungspolitik sein Interesse zu widmen, öffnet sich die „Büchse der Pandora" – es gibt danach kaum ein Politikfeld, mit dem man dann nicht konfrontiert wird. Die Innenpolitik der Entwicklungsländer wird dann ebenso relevant wie Fragen internationaler Handelsströme, der globalen

Klimaerwärmung, der kulturellen Besonderheiten einer speziellen Zielgruppe oder der Geldmarktpolitik. Die Komplexität kennt kein Ende, ein Punkt ist mit vielen anderen verwoben. Wenn es ein interdependentes Politikfeld gibt, dann dieses. Unter Entwicklungspolitik wollen wir im Folgenden die Summe aller Mittel und Maßnahmen verstehen, die von Entwicklungs- und Industrieländern eingesetzt werden, um die Lebenssituation der Bevölkerung in den Entwicklungsländern zu verbessern.[1] Die Bundesregierung sieht daher *Entwicklungspolitik* als „internationale Gemeinschaftsaufgabe, zu der Deutschland wirksame und sichtbare Beiträge leistet"[2]. Wichtiger Orientierungsmaßstab dieser Politik sind die von den Vereinten Nationen formulierten internationalen Gemeinschaftsziele. Eines ist gerade an dieser Stelle anzumerken: Die Nehmerländer selbst verfolgen eine Entwicklungspolitik, die sich auch zunehmend an diesen Zielen orientiert. Die Geberländer wiederum können nur einen Teil der gemeinsam angestrebten Entwicklung schultern. *Entwicklungszusammenarbeit bedeutet daher nach ihrem Anspruch und in der Praxis nichts anderes als einen Beitrag zu den Projekten der Entwicklungsländer und Unterstützung für deren Eigenanstrengungen.*

1.3 Einstiege in die politikwissenschaftliche Auseinandersetzung mit der Entwicklungspolitik in Deutschland

Es gibt in der Bundesrepublik nur relativ wenige, genuin entwicklungspolitische Studiengänge und dementsprechend auch nur wenige entsprechend spezialisierte Professuren. Betrachtet man die politikwissenschaftliche „Landschaft", wird man feststellen, dass die meisten Wissenschaftler, die sich schwerpunktmäßig mit diesem Themenfeld auseinandersetzen, im Regelfall „normale" Professuren etwa zu den Internationalen Beziehungen wahrnehmen. Es gibt keine allgemein anerkannte und pädagogisch abgesicherte Didaktik der Entwicklungspolitik, Vermittlungsfragen werden (wenn überhaupt) eher in Hinsicht auf den schulischen und erwachsenenbildnerischen Bereich diskutiert, weniger

---

[1] Vgl. Dieter Nohlen (Hrsg.) (1998): Lexikon Dritte Welt. Hamburg. S.224.
[2] Bundesministerium für wirtschaftliche Zusammenarbeit und Entwicklung (2008): Grundsätze und Ziele. [http://www.bmz.de/de/ziele/deutsche_politik/index.html, 1.10.2008]

in Bezug auf ein entwicklungspolitisch ausgerichtetes politikwissenschaftliches Studium. Trotzdem gibt es gute Einstiege, die auch für Studierende von Interesse sind: Das *„Development Exchange Education in Europe"*-Projekt (DEEEP) etwa, in dem sich in der entwicklungspolitischen Bildung aktive Nichtregierungsorganisationen (NGOs) zusammen gefunden haben, deren Ziel es ist, die inhaltlichen und didaktischen Fähigkeiten dieser Organisationen zu verbessern und entsprechende Anstrengungen zu fördern. Ein „Nebeneffekt" dieses Projektes ist eine intensive und öffentliche Diskussion auch um die Didaktik von Entwicklungspolitik auf verschiedenen Abstraktionsebenen (*www.deeep.org*).

Dennoch bleibt: Eine der zentralen Konsequenzen aus dieser Erkenntnis ist, dass die interessierten Studierenden sich vieles vom nötigen Hintergrundwissen im Selbststudium aneignen müssen. Der Besuch der im Regelfall quantitativ übersichtlichen Lehrangebote – zumindest, was die meisten Universitäten angeht – wird nicht genügen. Wenn sie trotz dieser Hemmnisse ein solides Schwerpunktwissen in der Entwicklungspolitik und gute Studienleistungen in diesem Politikfeld vorweisen können, bietet ihnen das *Deutsche Institut für Entwicklungspolitik (DIE)* – der entwicklungspolitische *Think Tank* der Bundesregierung – durch seinen praxisorientierten Ausbildungsgang eine anspruchsvolle und vielversprechende Chance des beruflichen Einstiegs.

Erschwerend kommt hinzu, dass, von wenigen Ausnahmen abgesehen, es so gut wie keine gut aufbereiteten Einführungswerke in das weite Feld der Entwicklungspolitik gibt. Dass sich viele Lehrende immer noch mit dem „Lern- und Arbeitsbuch Entwicklungspolitik" des Duisburger Politikwissenschaftlers Franz Nuscheler behelfen, das, keinesfalls unproblematisch, engagiert politisch Stellung bezieht, ist ein Beispiel dafür, dass es an einem aktuellen und dynamisch fortgeschriebenen Standard-Einführungswerk in kompakter Form fehlt.

Für den Einstieg in die wissenschaftliche Auseinandersetzung mit der Entwicklungspolitik empfehlen sich eine Reihe von Zugängen, die jedoch eben nicht „mundgerecht" aufbereitet sind, sondern einiges an eigener Arbeit, vor allem inhaltlicher Auswahl und Priorisierung erfordern. Die Kriterien für diese Selektion muss jeder selbst erstellen, sie sind abhängig vom Erkenntnisinteresse und der Art des Zugangs. Wer ernsthaft politikwissenschaftlich Entwicklungspolitik „betreiben" möchte, kommt allerdings um keine der folgenden Quellen herum.

Das wichtigste *Periodikum*, das regelmäßig und durchaus auch kontrovers über Themen der deutschen und internationalen Entwicklungspolitik berichtet, ist die Zeitschrift „Entwicklung + Zusammenarbeit", die von der in „InWEnt" aufgegangenen DSE herausgegeben wird. Mit verschiedenen Schwerpunktthemen, aber immer auch einem umfangreichen Nachrichtenüberblick und der Besprechung relevanter Literatur ist die „E+Z" ein zentrales Medium, will man sich besonders über die staatliche EZ auf dem Laufenden halten. Die regelmäßige Lektüre der „E+Z" gehört zum Pflichtprogramm, ganz unabhängig davon, ob man mit allem einverstanden ist, was dort geschrieben steht.

Eine weitere wichtige Quelle von Periodika, die den gesamten Bereich entwicklungspolitischer Fragestellungen abdecken und dabei auch in die Tiefe länder- und regionalspezifischer Analysen eintauchen, sind die regionalen Zeitschriften und Magazine aus dem Verbund des „German Institute of Global and Area Studies" (**GIGA**) in Hamburg. Für intensivere Studien empfiehlt sich ein Besuch in Hamburg übrigens fast immer. Seit geraumer Zeit finden sich die meisten der Periodika des GIGA auch online zum kostenlosen Download verfügbar. Es empfiehlt sich sehr, regelmäßig auf der Website des GIGA im Publikationsbereich nachzusehen und sich auf den aktuellen Stand zu bringen (*www.giga-hamburg.de*).

Für diejenigen, die das Virtuelle ohnehin mehr schätzen als das gedruckte Wort, sind die **Websites des BMZ, der GTZ und der KFW** ein erster Anlaufpunkt. Dort finden sich nicht nur allgemeine Informationen zur deutschen Entwicklungspolitik, sondern auch alle politischen Papiere, die für das Politikfeld relevant sind. Dazu gibt es zum Download auch zahllose Fachanalysen, Länderstudien und weitere Veröffentlichungen, mit denen allein man sich bereits Wochen beschäftigen kann. Ebenfalls sehr zu empfehlen sind die **Websites von Weltbank und Internationalem Währungsfonds,** vor allem aufgrund der zahlreichen länder- und regionenspezifischen Veröffentlichungen, die dort zum Download bereit stehen – ein riesiger Fundus an Material, dessen Wert gerne unterschätzt wird und der Dank der neuen Technologie frei – vor allem kostenfrei – zur Verfügung steht. Die Länderstudien des *„Bertelsmann Transformation Index"* bieten immer einen aktualisierten Überblick über politische und ökonomische Entwicklungen in der sog. „Dritten Welt" (*www.bertelsmann-transformation-index.de*).

Ebenfalls von hohem Wert sind die vielfältigen Veröffentlichungen der *„Organization for Economic Cooperation and Development"* (OECD). Diese befassen sich in zahlreichen Fachreihen mit der Entwicklungspolitik aller Geberländer und bieten auch viele Fachanalysen. Das

„*Development Assistance Committee*" (DAC) der OECD hat auch in regelmäßigen Abständen die Qualität der deutschen Entwicklungspolitik beurteilt, nicht immer zur Freude der Beurteilten. Was man nicht in den Bibliotheken findet, kann man leicht bestellen, aber hier ist in der Regel ein etwas tieferer Geldbeutel notwendig – gute Studien kosten eben auch heutzutage manchmal noch gutes Geld.

Wie überall im Politikfeld Entwicklungspolitik gilt aber auch hier: Ohne gute Kenntnisse der englischen Sprache kommt man nicht weit. Diese Grundvoraussetzung sollte jeder erfüllen, der sich mit diesem Themenfeld befasst.

Natürlich gibt es noch eine große Vielzahl weiterer Periodika und Fachreihen. In zunehmendem Maße sind auch die Email-Newsletter relevant, die in schneller und aktueller Abfolge über die Entwicklungen in der EZ berichten. An dieser Stelle sei stellvertretend nur auf den Newsletter der deutschen Sektion der „*Society for International Development*" (SID) hingewiesen (*www.sid-hamburg.de*). Nicht alle Informationsquellen, und das ist ein grundsätzliches Problem bei einer wissenschaftlichen Auseinandersetzung, erfüllen jedoch die Kriterien, die für die Nutzung von wissenschaftlichen Quellen angelegt werden sollten. Im Grunde kommen wir damit zu dem zurück, was am Anfang dieses Beitrages bereits gesagt worden ist: Entwicklungspolitik ist ein Arbeits- und Forschungsfeld, das sowohl Emotionen wie auch ideologische Grundsatzdiskussionen hervorruft. Gerade in der Entwicklungspolitik übernimmt dann beides gerne die Führung vor einer rationalen wissenschaftlichen Analyse. Man sollte sich selbst den Gefallen tun – ganz unabhängig davon, welche individuelle politische Ansicht man vertritt – bei der Auswahl von Quellen für wissenschaftliche Arbeit ganz genau zu schauen, *wer was warum* geschrieben hat. Damit erspart man sich selbst mögliche Enttäuschungen, wenn man rechtzeitig merkt, dass man anfängt, Argumentationslinien auf Vermutungen und nicht auf Wissen aufzubauen. Gerade die Entwicklungspolitik ist zu oft das Opfer von Heilslehren geworden und viele der in die Diskussion involvierten Akteure haben immer noch eine starke Affinität in diese Richtung. Heilslehren gehören aber eher in die Theologie, nicht in die Politikwissenschaft. Das eine von dem anderen zu trennen, stellt selbst gestandene Politikwissenschaftler vor manche Herausforderung.

Wie gesagt, es schadet nicht, immer etwas Aspirin dabei zu haben.

2 Was ist Entwicklungszusammenarbeit?

2.1 Der Entwicklungsbegriff

Entwicklung ist ein normativer Begriff, der Vorstellungen von der gewünschten Richtung des gesellschaftlichen, wirtschaftlichen und politischen Wandels bündelt und auf theoretischen Annahmen über die Ursachen von Unterentwicklung und typische Ablaufmuster sozioökonomischer Transformation beruht. „Entwicklung" ist damit ein klassisches Beispiel für einen „Amöbenbegriff". Er lässt sich nach allen Seiten hin kneten und scheint eine derartige Vielzahl an Deutungen zu ermöglichen, dass es kaum machbar erscheint, die unterschiedlichen Konnotationen auf einen Nenner zu bringen. Dieses Problem werden wir hier nicht lösen können. Dennoch soll ein kurzer Überblick über das gegeben werden, was man unter „Entwicklung" in Bezug auf „Entwicklungspolitik" verstehen könnte.

Historischer Überblick

Der Entwicklungsbegriff des ersten Berichtes der Vereinten Nationen im Jahre 1951 setzte noch Entwicklung mit wirtschaftlichem Wachstum gleich. Aus der Sicht der Wachstumstheorien war die Höhe des Pro-Kopf-Einkommens der entscheidende Indikator der Entwicklung. Wenn das Wachstum nur hoch genug sei, würden auch andere Probleme des Entwicklungslandes lösbar.

Wirtschaftliches Wachstum sollte vor allem durch industrielle Modernisierung erfolgen, die daraus resultierenden Einkommenseffekte würden dann allen Bevölkerungsschichten zugute kommen. Der damit verfolgte Entwicklungsbegriff war deterministisch, d.h. er nahm an, dass es eine historisch vorgegebene Entwicklung gäbe, die ungeachtet der kulturellen, geographischen und historischen Rahmenbedingungen überall zum gleichen, positiven Ergebnis führen würde. Die Schlagworte jener Zeit – und in weiten Teilen auch noch der Gegenwart – waren Produktivitätssteigerung, Wirtschaftswachstum, Industrialisierung, Urbanisierung, Alphabetisierung, soziale Mobilisierung und Demokratisierung im westlichen Sinne (Menzel 1992:17).

Dabei wurden die „weichen" Ziele, beispielsweise aus dem Bereich der Bildungspolitik, immer primär als Funktion der „harten" Ziele wahrgenommen – gemessen etwa an der Steigerung des Bruttosozialproduktes. Diesem „rechten" Entwicklungsbegriff hatten die „linken" Kritiker zunächst wenig entgegenzusetzen: Auch der große Gegenentwurf, die Dependenztheorie, die eine einseitige Abhängigkeit der sich entwickelnden Peripherie von kapitalistischen Metropolen postulierte, wollte Entwicklung letztendlich nur als ökonomische Emanzipation, als Industrialisierung und Wirtschaftswachstum aus eigener Kraft verstehen, generell verbunden mit einem sehr starken staatsinterventionistischen Ansatz.

Das Ausbleiben sozialer Entwicklungsfortschritte führte dann in den 60er Jahren zu einer Ausweitung des Entwicklungsbegriffs: *Wachstum* und *Wandel*. Erkannt wurde nun die entwicklungsstrategische Schlüsselrolle politischer, administrativer und gesellschaftlicher Modernisierung sowie gerechter Einkommens- und Vermögensteilung. Folglich forderten die *Modernisierungstheorien* auch Investitionen in die Weiterentwicklung von Ernährung, Gesundheit und Bildung sowie von Politik und Verwaltung. Demgegenüber führten die *Dependenztheorien* die Unterentwicklung auf Folgen der internationalen Arbeitsteilung im Spannungsverhältnis zwischen Zentrum und Peripherie zurück: Ohne ein Mindestmaß an Eigenständigkeit könne sich die Wirtschaft der Entwicklungsländer nicht entfalten.

An die Stelle dieser Perspektiven trat seit den 1970er Jahren die *Grundbedürfnisstrategie*, die auf die Verbesserung der Lebensbedingungen der Menschen in den Bereichen Ernährung, Gesundheit, Beschäftigung, Wohnen und Bildung zielte. Wirtschaftliches Wachstum und soziale Teilhabe wurden so in einen größeren Rahmen entwicklungspolitischer Ziele eingeordnet (*Nohlen*). Aus der Diskussion vor allem der 1980er Jahre, stark auch unter dem Eindruck eines wachsenden Umweltbewusstseins, entwickelte sich schließlich der Begriff der *„nachhaltigen Entwicklung"*, der auch heute noch der zentrale Entwicklungsbegriff geblieben ist und verschiedene Aspekte aus der bisherigen Diskussion aufgreift.

Nachhaltige Entwicklung

Schon seit langer Zeit sind unsere Probleme bekannt und von dem früheren Entwicklungshilfeminister *Eppler* folgendermaßen umschrieben worden:[1]

> „Spätere Generationen werden wahrscheinlich die Köpfe darüber schütteln, wie lange wir zu der simplen Einsicht gebraucht haben, daß auf einem endlichen Erdball mit endlichen Ressourcen die Zahl der Menschen, die Verbrauchsziffern für Rohstoffe, Energie oder Wasser nicht beliebig ansteigen können."

Hier kommt ein neuer Teufelskreis in Bewegung, den Paul und Anne *Ehrlich* so beschrieben haben:[2]

> „Mit dem Anwachsen der Bevölkerung steigt auch das Ausmaß der Industrien, die eine stattliche Menge an Verseuchungsstoffen in die Wasserreservoire schütten: Blei, Waschmittel, Schwefelsäure, Phenole, Äther, Benzol, Ammonium und so weiter. Mit dem Anwachsen von Bevölkerung und Industrie steigt auch der Bedarf an landwirtschaftlicher Produktion; das führt auch zu einer noch schwereren, vom Wasser getragenen Last an Insekten- und Unkrautvertilgungsmitteln sowie an Nitraten. Das Ergebnis ist die Ausbreitung von Verschmutzung nicht nur in Bächen, Flüssen, Seen oder an Meeresküsten, sondern auch im Grundwasser. Hand in Hand mit der Verschmutzung geht die Bedrohung durch Leber- und Ruhrepidemien und die Vergiftung durch fremde Chemikalien."

Ein Schritt von weitreichender Bedeutung um diese Probleme anzugehen, war die Einberufung der *Brundtland-Kommission* durch die UN-Vollversammlung. Diese stellte Mitte der 1980er Jahre in ihrem Bericht *„Our common future"* das Konzept der *„sustainable development"* vor, welches dann erneut sehr publikumswirksam auf der UN-Konferenz in Rio de Janeiro im Jahre 1992 in den Mittelpunkt gestellt wurde (*Boccolari* 2002:1).

---

[1] Zitat Erhard Eppler (1972): Rede Friedrich-Ebert-Stiftung 25.4.1972. In: Entwicklungspolitik, Materialien Nr.32. Juni 1972. S. 1.
[2] Paul u. Anne Ehrlich (1970): Populations, Ressources, Environment. San Francisco. Zitiert in: Entwicklungspolitik, Materialien Nr. 32. Juni 1972. S. 2.

Dieser *Brundtland-Bericht* rückte schließlich das Konzept nachhaltiger Entwicklung in den Vordergrund des entwicklungspolitischen Denkens. Er setzt ein Mindestmaß an Eigenständigkeit der politischen Entscheider voraus und verbindet den Schutz der natürlichen Lebensgrundlagen mit den Zielen der Entwicklungspolitik. „Sustainable development" ist demnach erst einmal Entwicklung, die die Bedürfnisse der Gegenwart befriedigt, ohne zu riskieren, dass künftige Generationen ihre eigenen Bedürfnisse nicht befriedigen können.

Auch mit dieser Aussage hielt die Diskussion über *den* richtigen entwicklungspolitischen Weg an, wenn auch die allgemeine Zielvorstellung als solche von allen geteilt wurde. Der bereits in den 1970er Jahren virulente Streit zwischen jenen, die für ein Wachstumsmodell – jetzt unter dem Schlagwort „ökologische Modernisierung" – eintraten, und jenen, die einen Umbau der Gesellschaften unter dem Motto eines „weniger ist mehr" und dem daraus resultierenden Abschied vom Wachstumsprinzip forderten, hat sich trotz oder auch wegen des neu eingeführten Nachhaltigkeitsbegriffes eher noch verschärft. Die Definitionsvielfalt des Begriffes ist seit seiner Einführung nahezu explodiert, und es ist zunehmend schwer, sich auch nur einen ungefähren Überblick zu verschaffen. *Boccolari* (2002:9f) hat es zumindest versucht:

Dimensionen nachhaltiger Entwicklung

⇨ Dauerhafte Befriedigung menschlicher Bedürfnisse und Verbesserung menschlicher Lebensqualität,
⇨ Überleben der menschlichen Spezies, Lebensqualität über ein biologisches Überleben hinaus, Fortdauer aller Komponenten der Biosphäre,
⇨ Modell für soziale und struktur-ökonomische Umgestaltung, welche die ökonomischen und gesellschaftlichen Vorteile der Menschen optimiert, ohne das wahrscheinliche Potential in der Zukunft zu gefährden,
⇨ Konstanz des natürlichen Kapitalstocks und die Möglichkeit, auch zukünftig von dessen Zinsen zu leben,
⇨ Prinzip, das auf die Anordnung hinauslaufen muss, die Produktionskapazität für eine unbestimmte Zukunft zu schützen,
⇨ positiver sozioökonomischer Wandel, der die ökologischen und sozialen Systeme nicht schwächt,

⇨ Konzept, das darauf ausgerichtet ist, dass die Umwelt und der damit verbundene Kapitalstock an Ressourcen so weit erhalten werden muss, dass die Lebensqualität zukünftiger Generationen gewährleistet bleibt.

Die Bundesregierung, vertreten durch das zuständige Fachministerium, das Bundesministerium für wirtschaftliche Zusammenarbeit und Entwicklung (BMZ), verwendet einen Entwicklungsbegriff, der ebenfalls in diese Richtung zielt. Mit der Konzentration auf Bekämpfung der weltweiten Armut, Entschuldung der ärmsten Entwicklungsländer und Sicherung des Friedens bei gleichzeitiger regionaler Schwerpunktlegung hat sich die offizielle EZ mit ihrer stark ökologischen Ausrichtung den Begriff der „nachhaltigen Entwicklung" zu eigen gemacht. In der konkreten Ausgestaltung behält sich aber auch die deutsche Entwicklungspolitik vor, auf eine allzu starke Engführung zu verzichten: Die theoretische Diskussion, an der sich die „offizielle" Entwicklungspolitik beteiligt, reicht von engerer Kooperation mit der Wirtschaft und Investitionsförderung bis hin zum gesamten Kanon der Globalisierungskritik. Damit steht auch das Politikfeld der Entwicklungspolitik in Deutschland weiter vor der Erkenntnis, dass es keinen allgemein verbindlichen, definitorisch klaren Entwicklungsbegriff gibt, der sich für einen Konsens eignet. Der scheinbare Konsens der „nachhaltigen Entwicklung" verbleibt daher auf einem sehr abstrakten Niveau. Mehr sollte man auch in absehbarer Zeit nicht erwarten.

Die deutsche Entwicklungspolitik hat im Jahre 2002 ihr 50jähriges Bestehen gefeiert, denn ihre Ursprünge gehen bis auf das Jahr 1952 zurück. Anfangs war die Bundesregierung der damaligen Zeit von der Idee, sich aktiv in diesem Bereich zu engagieren, wenig begeistert. Von Zeitzeugen wird übermittelt, dass Bundeskanzler Adenauers Zurückhaltung in dem Vorschlag gipfelte, sich dieser eher lästigen Pflicht durch eine pauschale Einmalzahlung an Entwicklungsländer zu entledigen. Doch es war nicht zuletzt der Druck der Vereinigten Staaten, der dazu führte, dass man nach punktuellen multilateralen Maßnahmen ab 1952 schließlich im Jahre 1956 den ersten „richtigen" Haushalt für diesen Bereich verabschiedete. Im Jahre 1961 wurde mit der Gründung des bereits erwähnten Bundesministeriums für wirtschaftliche Zusammenarbeit, das aus dem von Franz Blücher geleiteten Marshall-Plan-Ministerium hervorging, der Versuch unternommen, die auf verschiedene Ministerien verteilten Zuständigkeiten in diesem Bereich in einem Hause zu vereinigen.

Die politische Praxis spiegelt jedoch bis heute auch das sehr weite Aktionsfeld der Entwicklungspolitik wider: Trotz aller formalen Zuständigkeiten sind die Einflussmöglichkeiten und Kompetenzen anderer Ministerien – vor allem des Außenministeriums – noch erheblich, was nicht zuletzt in regelmäßigen Abständen zu Kompetenzstreitigkeiten und Abstimmungsproblemen führt. Der erste Minister war der spätere Bundespräsident Walter *Scheel*, bis heute hat es elf zuständige Minister gegeben, darunter mit Marie *Schlei* (1976-1978) und Heidemarie *Wieczorek-Zeul* (seit 1998) nur zwei Frauen. Nicht immer war die fachliche Kenntnis Grundlage für die Ernennung zum Leiter des BMZ: Als „kleines Außenministerium" war es oft genug Gegenstand koalitionstaktischer Manöver, da die Leitung des Auswärtigen Amtes nahezu traditionell immer an den kleineren Koalitionspartner ging.

Schon bei der Gründung des BMZ im Jahre 1961 war – so Eppler – nicht die Einsicht der Bundesregierung von Bedeutung, dass Entwicklungshilfe wichtig sei, sondern vielmehr die Intention, der FDP (bzw. Walter Scheel) ein weiteres Ministerium als Dank für die abermalige Unterstützung Konrad Adenauers zukommen zu lassen. Auch der Name „Bundesministerium für wirtschaftliche Zusammenarbeit" wurde nur gewählt, da es bereits ein gleichnamiges Ministerium gegeben habe und „viele schöne Briefköpfe (...) übrig (waren)".[3]

2.2 Kann man Entwicklung messen?

Indikatoren zur Messung des Entwicklungsstandes sind notwendig, um einzelne Länder als Entwicklungs- bzw. Industrieland klassifizieren zu können. Außerdem müssen zu jedem Indikator auch kritische Grenzwerte festgelegt werden.[4]

Die einfachsten Indikatoren für die Entwicklung eines Landes sind die wirtschaftlichen Kenndaten. So ist das Pro-Kopf-Einkommen, evtl. in Verbindung mit Verteilungsindikatoren (z.B. dem Gini-Faktor), eine wichtige Größe.[5] Um nun aber ein Gesamtbild über die Entwicklung zu be-

---

[3] siehe Erhard Eppler (2007): Heidemarie Wieczorek-Zeul: Welt bewegen. In: Weltsichten, 0-2007. S.19/20.

[4] siehe Hans-Rimbert Hemmer (2002): Wirtschaftsprobleme der Entwicklungsländer. S.8.

[5] Vgl. Hans-Rimbert Hemmer (2002): Wirtschaftsprobleme der Entwicklungsländer. S.21ff.

kommen, müssen weitere Faktoren (z.B. Bildung, Gesundheit,...) berücksichtigt werden. Aussagekräftiger sind daher Indizes, die verschiedene Daten zur Grundlage haben, diese gewichten und somit ein genaueres Bild von Entwicklung geben können.

Der wahrscheinlich bekannteste dieser Indikatoren ist der Human Development Index (HDI), der zusammen mit dem Human Poverty Index (HPI) und weiteren Indizes (GDI (Gender-related Development Index) und GEM (Gender Empowerment Measure)) vom Entwicklungsprogramm der Vereinten Nationen (UNDP) herausgegeben wird.[6]

Allerdings ist der HDI nicht unumstritten. So könnte der Human Development Index z.B. erweitert werden.[7] Bisher umfasst er lediglich drei Aspekte menschlichen Wohlstandes. *Ranis/Stewart/Samman* schlagen weitere Aspekte vor, so dass ein neuer Human Development Index elf weitere Kategorien umfassen würde, zu denen einzelne Indikatoren angegeben werden. Es gibt demnach 39 unabhängige Indikatoren, von denen 31 nicht mit den bisherigen Indikatoren des klassischen HDI korrelieren.

Ein **erweiterter Human Development Index** (HDI) sollte folgende Kategorien umfassen:

1. Den HDI selbst (Lebenserwartung, Lebensstandard, Bildungsniveau)
2. Seelisches Wohlbefinden
3. Selbstbestimmung
4. Politische Freiheit
5. Soziale Beziehungen
6. Gesellschaftliches Wohlbefinden
7. Ungleichheit
8. Arbeitsbedingungen
9. Freizeit
10. Ökonomische Stabilität
11. Politische Sicherheit
12. Umweltbedingungen

---

[6] Nähere Informationen zu HDI, HPI, GDI und GEM unter: http://hdr.undp.org/en/humandev/hdi/
[7] Gustav Ranis/Frances Stewart/Emma Samman (2006): Human Development: Beyond the Human Development Index. In: Journal of Human Development, Vol.7, No.3, November 2006. S.322 ff.

Die Deutsche Welthungerhilfe und das *International Food Policy Research Institute* geben den Welthungerindex[8] heraus.

Speziell die Transformation hin zu einer demokratischen und marktwirtschaftlichen Gesellschaftsform wird durch den Index der Bertelsmann-Stiftung, den Bertelsmann Transformationsindex (BTI), beschrieben. Seit dem Untergang der Sowjetunion gelten Demokratie und Marktwirtschaft als Ziele der Entwicklungspolitik.[9] Fragen der Messbarkeit haben zentrale Konsequenzen für die Arbeit der entwicklungspolitischen Evaluation (siehe Abschnitt 6).

2.3 Warum Entwicklungszusammenarbeit?

Sind die Industriestaaten moralisch zur Hilfe verpflichtet oder profitieren die Geberstaaten nicht zuletzt auch selbst, da sie sich in den Entwicklungsstaaten neue Absatzmärkte schaffen können? Auch gelten Staaten mit einem hohen HDI-Wert als stabiler und dies ist schließlich für die weltweite Sicherheit von Bedeutung.

Gründe für Entwicklungspolitik[10]

Rawls
Nach Rawls Theorie der Gerechtigkeit würden in einer Welt, in der es nur „wohlgeordnete" Gesellschaften gebe, ideale Verhältnisse herrschen. Jedoch gebe es auch nicht-wohlgeordnete Gesellschaften, die er in zwei Typen unterteilt: die „outlaw peoples", die den Weltfrieden herausfordern, und die „societies burdened by unfavorable conditions" (Kesselring S.73). Diese verusachen Gerechtigkeitsprobleme. Bezüglich der Entwicklungspolitik ist *Rawls* davon überzeugt, dass die privilegierten Gesellschaften verpflichtet seien, den benachteiligten zu helfen.

Rawls sieht folgende Ursachen für Diskrepanzen (S.73): „(a) Ursachen, die ganz oder teilweise in der internationalen Interaktion und ihren

---

[8] http://www.welthungerhilfe.de/welthungerindex.html
[9] Vgl. auch Frank Nuscheler (2008): Die umstrittene Wirksamkeit der Entwicklungszusammenarbeit. S.11/12. BTI unter: http://www.bertelsmann-transformation-index.de/
[10] Thomas Kesselring (2005): Wozu Entwicklungspolitik. In: Hirsch/Seitz (Hrsg.): Zwischen Sicherheitskalkül, Interessen und Moral. Frankfurt/Main. S.63-81. hier: S.73-77.

Rahmenbedingungen liegen, (b) Ursachen, die ganz oder teilweise bei den einzelnen Gesellschaften ('peoples') liegen, in ihrer Tradition, ihren Bräuchen, ihrer Religion, ihrem politischen Regime, ihrer Wirtschaft usw., (c) Ursachen, die in äußeren, natürlichen Bedingungen liegen (geographische Größe und Lage, Klima, Ausstattung mit Ressourcen usw.)."

Aus dem Gerechtigkeitsgedanken folge, dass die wohlgeordneten Gesellschaften die Überwindung der Ebene (a) ausschalten. Allerdings gebe es auch wechselseitige Abhängigkeiten mit den anderen Ebenen, sodass eine vollständige Abstraktion nicht möglich sei.

Amartya Sen
Für Sen spielen die „*capabilities*", zu deutsch: „Verwirklichungschancen, die ein jeder Mensch hat," die entscheidende Rolle. Dazu gehören für Sen neben den angeborenen und erlernten menschlichen Fähigkeiten auch „der Zugang zu Ressourcen und Geld bzw. Kapital, der Zugang zu medizinischer Versorgung, zu Ausbildungsmöglichkeiten und zu einer beruflichen Stellung" (S.76). Da diese *capabilities* aber auch missbraucht werden können, müssen ihnen Grenzen gesetzt werden, die Sen in der Kantschen Rechtslehre gefunden hat.

„Bei Sen stehen die Lebensqualität und die Möglichkeit, dass Menschen das Leben führen können, dass sie führen möchten, im Vordergrund, bei Rawls die gleichen elementaren Grundrechte für alle." Sen geht also weiter als Rawls und fordert, „dass den Menschen nebst den elementaren Grundrechten auch das notwendige Minimum an *capabilities* zugestanden werden müsste, das erforderlich ist, damit sie ihre Grundrechte nutzen können" (S.77).

Gibt es ein Menschenrecht auf Entwicklung?[11]

Menschenwürde wird vielfach als Verbindung von Menschenrechten und „Entwicklung" begriffen. Daher ist das Konzept der „menschlichen Entwicklung" als „Prozeß der Ausweitung von Wahlmöglichkeiten und Chancen der Menschen" zu verstehen. Good Governance [die Entwicklungsorientierung staatlichen Handelns] und Partizipation werden aus dieser Sicht zu zentralen Elementen des Entwicklungsbegriffs.

Abbildung 1 zeigt die ersten und letzten zehn Ränge des regelmäßig vom *International Food Policy Research Institute* herausgegebenen

---

[11] Oliver Neß (2004): Das Menschenrecht auf Entwicklung. Münster. S.41.

Welthunger-Indexes (WHI). Es werden die Veränderungen zum Basisjahr 1990 angegeben. Dieser Index setzt sich aus den drei gleichwertigen Indikatoren (1) Anteil der Unterernährten an der Bevölkerung in Prozent, (2) Anteil der Kinder unter fünf Jahren mit Untergewicht und (3) Sterblichkeitsrate von Kindern unter fünf Jahren zusammen. Der Index kann Werte zwischen 0 und 100 annehmen, wobei gilt, dass umso mehr Hunger herrscht, je höher der Wert ist. Werte unter 5 zeigen „wenig Hunger" an und werden in der Rangliste nicht mehr aufgeführt. Werte von 5,0-9,9 zeigen mäßigen, von 10,0-19,9 ernsten, von 20,0-29,9 sehr ernsten und von 30 aufwärts gravierenden Hunger an.[12]

Abbildung 1: Welthunger-Index 1990 und 2008 nach Ländern

WHI Rang	Land	Welthunger-Index 1990	Welthunger-Index 2008	WHI Rang	Land	Welthunger-Index 1990	Welthunger-Index 2008
1	Mauritius	6,1	5	...	...		
2	Jamaika	8	5,1	...	...		
3	Moldawien	-	5,4	79	Angola	39,8	29,5
4	Kuba	7,3	5,5	80	Jemen	30,7	29,8
5	Peru	19,5	5,6	81	Tschad	37,5	29,9
6	Trinidad & Tobago	8	5,9	82	Äthiopien	44	31
7	Algerien	7,4	6	83	Liberia	27,3	31,8
8	Albanien	10,5	6,3	84	Sierra Leone	32,4	32,2
9	Turkmenistan	-	6,4	85	Niger	38	32,4
10	El Salvador	9,7	6,5	86	Burundi	32,6	38,3
10	Malaysia	9,5	6,5	87	Eritrea	-	39
10	Marokko	7,7	6,5	88	DR Kongo	25,5	42,7

Quelle: http://www.wellthungerhilfe.de/fileadmin/media/pdf/WHI/Welthunger-Index-2008_2.pdf, S. 22

---

[12] Vgl. Klaus von Grebmer, Klaus von et al.(2008): Welthunger-Index. Herausforderung Hunger. Bonn, Washington D.C., Dublin. [http://www.welthungerhilfe.de/fileadmin/media/pdf/WHI/Welthunger-Index-2008_2.pdf] S.7/8.

2.4 Empfänger der Entwicklungszusammenarbeit

Die Entwicklungspolitik richtet ihre Bemühungen um verbesserte Entwicklungschancen ihrer Partner auf eine heterogene Gruppe von Ländern: rohstoffreich und rohstoffarm, sozioökonomisch unterschiedlich, ethnisch und kulturell heterogen, unterschiedliche Entwicklungspotentiale und unterschiedliches Humankapital (siehe 2.5). Auf der einen Seite stehen die einkommensschwächsten, bitterarmen Länder (LDC = Least Developed Countries), auf der anderen Seite dagegen eine kleine Gruppe von Schwellenländern, die erfolgreiche Wachstums- und Industrialisierungsschübe zu verzeichnen haben (NIC = Newly Industrializing Countries). Auch deswegen suggeriert der Begriff der „Dritten Welt" (tiersmondisme) eine Homogenität, die tatsächlich niemals bestand.

Abbildung 2: Klassifizierung von Entwicklungsländern: Die Weltbank-Einteilung

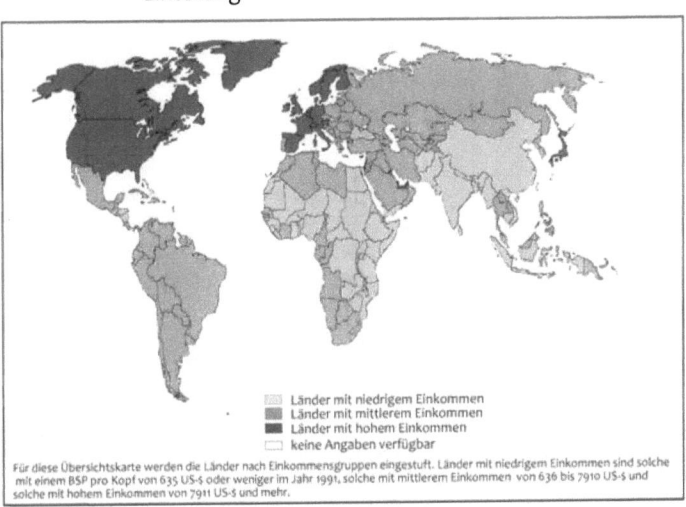

Länder mit niedrigem Einkommen
Länder mit mittlerem Einkommen
Länder mit hohem Einkommen
keine Angaben verfügbar

Für diese Übersichtskarte werden die Länder nach Einkommensgruppen eingestuft. Länder mit niedrigem Einkommen sind solche mit einem BSP pro Kopf von 635 US-$ oder weniger im Jahr 1991, solche mit mittlerem Einkommen von 636 bis 7910 US-$ und solche mit hohem Einkommen von 7911 US-$ und mehr.

Quelle: Weltbankbericht 1993, S. 23

Ulrich Menzel[13] unterscheidet drei Typen der Ökonomien in Entwicklungsländern. Er erkennt 1) Marktwirtschaften (Schwellenländer), 2) Rentenökonomien (OPEC und rohstoffreiche Staaten), 3) Gewaltökonomien. Zudem gebe es drei Typen politischer Systemmerkmale: 1) Rechtsstaat mit gewährleistetem staatlichem Gewaltmonopol, 2) Autokratie mit „schwachem Staat", 3) „Gescheiterte Staaten" bzw. „Quasistaaten".

2.5 Ziele der Entwicklungszusammenarbeit

Auf die Frage, was das größte Problem in Afrika sei, mögen die meisten Menschen sicherlich an die Befriedigung der grundlegendsten Bedürfnisse denken: an den Schutz des Lebens, Nahrung, Gesundheit oder auch nur ein Dach über dem Kopf.

Die Ziele der Entwicklungspolitik lassen sich durchaus unterschiedlich definieren. Ein Beispiel, wie ein vorrangiges Entwicklungsziel aussehen könnte, wurde erst kürzlich aus aktuellem Anlass stark kritisiert. Nach der Verleihung des Literaturnobelpreises an *Doris Lessing* setzte man sich kritisch mit ihrer „Nobel Lecture" auseinander.[14]

Darin ließ sie verlesen, dass das Schlimmste, das die Kinder dort zu erleiden hätten, der Mangel an Büchern sei. Das Menschenrecht auf Bildung hat sie in dieser Rede an die oberste Stelle gesetzt, sonstige Rechte wurden nicht erwähnt. Sicherlich ist das Recht auf Bildung wichtig. Allerdings ist diese Forderung angesichts der Tatsache, dass die mittlerweile 88 Jahre alte *Doris Lessing* als Kind einige Jahre in Südrhodesien verbracht hat, dem Land, das nun Zimbabwe heißt und bekanntermaßen von einem Diktator beherrscht wird, der sich nicht um Menschenrechte schert und Hunger und Folter über sein Volk gebracht hat, äußerst zynisch. Selbst als übersättigter Bewohner eines Industrielandes mag man sich kaum vorstellen, dass sich hungernde Kinder vor allem nach Büchern und Bildung sehnen.

---

[13] Ulrich Menzel (2004): Paradoxien der neuen Weltordnung. Frankfurt. S.237-239.
[14] Vgl. Hubert Spiegel (2007): Lessings Lektion. In: Frankfurter Allgemeine Zeitung (F.A.Z.) vom 10.12.2007. S. 33.

Allerdings zeigt dieses Beispiel auch, dass die Prioritäten in den Zielen der Entwicklungszusammenarbeit sehr unterschiedlich sein können.

Das übergeordnete Ziel der Entwicklungspolitik ist die Beseitigung der Unterentwicklung der Partnerländer, d. h. vor allem die Beseitigung von Hunger, Analphabetismus und Krankheit, wie sie der frühere Weltbankpräsident *Robert McNamara* in seiner Nairobi-Rede von 1973 gefordert hat. Der Unterentwicklung liegen Strukturdefizite zugrunde, die die Entwicklungspolitik herausfordern und nur langfristig zu beheben sind, wie insbesondere eine niedrige Spar- und Investitionsquote, eine hohe Konsumquote, eine niedrige Kapitalausstattung, unzureichende Markt- und Kreditorganisation und eine ungenügende Infrastruktur (Verkehr, Energie). Diese Defizite verbinden sich vielfach mit den Strukturmustern traditionaler Gesellschaften. Gleichgültig, wie groß die Erklärungskraft von Modernisierungstheorien einzuschätzen sein mag, der Entwicklungspolitik stellt sich unter den vom Brundtland-Bericht 1987 genannten Bedingungen die Aufgabe, Programme einer nachhaltigen, d. h. dauerhaften Entwicklung zu fördern.

Was bedeutet diese Zielvorgabe im Einzelnen? Ziel der Entwicklungspolitik ist nach breiter, grundsätzlicher Übereinstimmung die Befriedigung der Grundbedürfnisse Nahrung, Arbeit, soziale Gleichheit, Partizipation, Freiheit, gesunde Umwelt. Die allgemeinen strategischen Voraussetzungen zur Befriedigung der Grundbedürfnisse haben *Nohlen* und *Nuscheler* 1992 zu einem **magischen Fünfeck von Entwicklung** verdichtet:

1. *Wachstum* als „gesamtgesellschaftliche Wohlfahrtsmeldung"
2. *Arbeit* als gesamtgesellschaftliche Entwicklungsressource, Voraussetzung zur Überwindung der Armut und zugleich Chance der Selbstverwirklichung
3. *Gleichheit/Gerechtigkeit* zur Sicherung eines gleichen Zugangs zum materiellen Wohlstand und eines Mindestmaßes an Verteilungsgerechtigkeit, die wirtschaftliches Wachstum weder behindert noch bremst
4. *Partizipation* als politische Mitwirkung und soziale Teilhabe an den materiellen und kulturellen Gütern einer Gesellschaft. Entsprechend fordert die Grundbedürfnisstrategie neben einer Entwicklungspolitik für die Armen eine Entwicklung durch die Armen

5. *Unabhängigkeit/Eigenständigkeit* als Fähigkeit eines Staates, sein politisches, wirtschaftliches und gesellschaftliches System ohne Einmischung, Zwang oder Drohung von außen zu gestalten.

Entwicklung wird verstanden

> „als die eigenständige Entfaltung der Produktivkräfte zur Versorgung der gesamten Gesellschaft mit lebensnotwendigen materiellen sowie lebenswerten kulturellen Gütern und Dienstleistungen im Rahmen einer sozialen und politischen Ordnung, die allen Gesellschaftsmitgliedern Chancengleichheit gewährt, sie an politischen Entscheidungen mitwirken und am gemeinsam erarbeiteten Wohlstand teilhaben lässt." (Nohlen/Nuscheler 1992:73)

Obgleich dieser additive Entwicklungsbegriff relativ umfassend erschien, blieb er etwas sperrig. In diesem normativen Rahmen handelt die deutsche Entwicklungspolitik insoweit, als sie es als ihre Aufgabe betrachtet, „zur Schaffung menschenwürdiger Lebensverhältnisse in den Partnerländern im Süden und im Osten und zur Zukunftssicherung auch für uns beizutragen" (Elfter Bericht zur Entwicklungspolitik der Bundesregierung XVII). Sie orientiert sich am Leitbild der global nachhaltigen Entwicklung und fördert die Verbesserung der politischen Voraussetzungen (gute Regierungsführung, Konfliktprävention). Daraus ergeben sich vier Dimensionen entwicklungspolitischer Zielsetzungen:

⇨ *soziale Gerechtigkeit* (armutsmindernde Rahmenbedingungen und sozialer Ausgleich),
⇨ *wirtschaftliche Leistungsfähigkeit* (armutsorientiertes Wachstum und wirtschaftliche Zusammenarbeit),
⇨ *politische Stabilität* (Frieden, Menschenrechte, Demokratie, Gleichberechtigung),
⇨ *ökologisches Gleichgewicht* (Bewahren der natürlichen Ressourcen als Lebensgrundlage).

Da Armut zugleich Ursache und Folge gewaltsam ausgetragener Konflikt und ökologischer Zerstörung sei, komme der Armutsbekämpfung eine überwölbende Aufgabe in der Entwicklungspolitik zu.

> **Humankapital**
> „Investition in die Qualität der Arbeitskräfte zur Steigerung der Produktivität"
> ⇨ Bildung
> ⇨ Ernährung
> ⇨ Gesundheit (gerade in EL hohe Produktivitätsgewinne möglich)
>
> **Sozialkapital**
> „Investition in produktivitätssteigernde Institutionen menschlichen Zusammenlebens"
> ⇨ funktionsfähiges Rechtssystem
> ⇨ Wirtschaftsordnung
> ⇨ politische Freiheit
> ⇨ Stabilität
>
> *Quelle:* Katharina Michaelowa (2007): Entwicklungspolitik und -Ökonomik: Neuere Ansätze, Vorlesung im Sommersemester 2007, Universität Zürich

Schwerpunkte der staatlichen Entwicklungszusammenarbeit sind Armutsbekämpfung, Umwelt- und Ressourcenschutz sowie Bildung und Ausbildung. Im Rahmen dieser Schwerpunktbereiche werden mit den Instrumenten der Öffentlichen Entwicklungshilfe folgende Einzelziele angestrebt:

> **Armutsbekämpfung**
> ⇨ menschenwürdiges Leben
> ⇨ Strukturreformen zugunsten der Armen
> ⇨ Beteiligung der Armen
> ⇨ Förderung der Selbsthilfe- und Produktivkräfte
>
> **Umwelt- und Ressourcenschutz**
> ⇨ globaler Umweltschutz
> ⇨ regionale Schutzmaßnahmen
> ⇨ Aufbau von Umweltschutzmaßnahmen
>
> **Bildung und Ausbildung**
> ⇨ Ausbau der Grundbildung
> ⇨ Verbesserung der beruflichen Bildung
> ⇨ Qualifizierung der natur- und ingenieurwissenschaftlichen Hochschulbildung

2.6 Millenniumserklärung/Paris Declaration

Millenniumserklärung und die MDGs (2000/2001)

Die Erklärung formuliert für die Weltgemeinschaft vier programmatische Handlungsfelder für die internationale Zusammenarbeit, mit dem Oberziel der globalen Zukunftssicherung:
1. Frieden, Sicherheit, Abrüstung
2. Entwicklung und Armutsbekämpfung
3. Schutz der gemeinsamen Umwelt
4. Menschenrechte, Demokratie und gute Regierungsführung.

Die MDGs 1-8 legen die global bis zum Jahre 2015 angestrebten Ziele fest:
1. Beseitigung der extremen Armut und des Hungers
2. Verwirklichung der allgemeinen Primarschulbildung
3. Förderung der Gleichstellung der Geschlechter und Stärkung der Rolle der Frauen
4. Senkung der Kindersterblichkeitsrate
5. Verbesserung der Gesundheit von Müttern
6. Bekämpfung von HIV/AIDS, Malaria und anderen Krankheiten
7. Sicherung der ökologischen Nachhaltigkeit
8. Aufbau einer weltweiten Entwicklungspartnerschaft

Drei handlungsleitende Prinzipien sind von zentraler Bedeutung (vgl. **Paris Erklärung 2005**):

1. das Kohärenzgebot,
2. das Partnerschaftsprinzip und die
3. Orientierung auf Wirkung

Darüber, ob die oben benannten Millennium Development Goals schon die Lösung aller Probleme darstellen, lässt sich sicherlich streiten. *Martens* bspw. schlägt eine Modifikation des MDG-Ansatzes vor[15].

---

[15] Jens Marten (2006): Die Milleniums-Entwicklungsziele der UN – konzeptionelle Defizite und politische Perspektiven. In: Katina Kuhn/Marco Rieckmann (Hrsg.) (2006): Wi(e)der die Armut? Positionen zu den Millenniumszielen der

Denn auch wenn die Erfüllung der MDGs einen Fortschritt gegenüber dem heutigen Zustand bedeuten würde, sollten ihre Ziele um folgende Punkte erweitert werden:

1. Es müssen für den *Norden verbindliche Ziele* formuliert werden (Konkretisierung von Ziel 8). Damit soll das Ungleichgewicht in der Verbindlichkeit zwischen Industrieländern und Entwicklungsländern überwunden werden.
2. Der Zielkatalog muss erweitert werden: aus den MDGs sollen „International Development Goals, including the MDGs" werden. Schon heute wird in den Dokumenten der UN nicht nur von den MDGs sondern von den *internationalen Entwicklungszielen*, einschließlich der MDGs, gesprochen.
3. Es sollen *zusätzliche Indikatoren* eingeführt und alternative Indikatoren entwickelt werden. Die bisherigen Indikatoren sind unzulänglich. So herrscht beispielsweise Ergänzungsbedarf bei der Geschlechtergerechtigkeit.
4. Die Ziele müssen flexibler an den Entwicklungsstand der Länder angepasst werden. So sollte beispielsweise nicht die absolute Armut sondern vielmehr die *relative Armut* beachtet werden.
5. Es sollte einen *Perspektivwechsel* weg von den Zielen hin zu den Wegen geben. So herrscht über die Ziele Einigkeit, während die Wege zu deren Erfüllung nicht eindeutig festgelegt sind. Beispielsweise ist umstritten, ob die Verringerung der Zahl der Hungernden durch eine Industrialisierung der afrikanischen Landwirtschaft erreicht werden kann.
6. Die MDGs sollen in *umfassende Entwicklungsstrategien* integriert werden. So ersetzen die MDGs keine Entwicklungsstrategien, worauf auch der ehemalige UNO-Generalsekretär Kofi Annan hingewiesen hat.

Vereinten Nationen. Bd. 9. der Reihe „Innovation in den Hochschulen: Nachhaltige Entwicklung". Frankfurt/Main.

Paris Declaration (Zusammenfassung)[16]

Seit den 1990er Jahren hat sich die Überzeugung durchgesetzt, dass zu einer erfolgreichen Entwicklungspolitik auch „good governance" („Entwicklungsorientierung staatlichen Handelns") des Partnerlandes gehöre. Zudem solle die Verantwortung der institutionellen Gestaltung und Durchführung nicht im fernen Geberland, sondern vor Ort getragen werden.

Auf dem High Level Forum (28.2.-2.3.) 2005, dem Nachfolgeforum von Rom 2003 und Marrakesch 2004, trafen sich Vertreter der OECD mit Partnerländern, um insbesondere über die Wirksamkeit der Entwicklungszusammenarbeit zu sprechen. Ziel war die Stärkung der Partnerländer, so dass diese in der Lage seien, eigene Entwicklungsstrategien zu erstellen bzw. zu stärken sowie die Führungsrolle bei den Projekten zu übernehmen. Dazu sollen die Maßnahmen an die Prioritäten, Systeme und Verfahren der Partnerländer angepasst werden. Auch versprachen die Geberländer eine Steigerung der ODA und eine verstärkte Kooperation, damit es nicht zu Überschneidungen oder Doppelarbeit komme.

Um diese Ziele zu erreichen, wurde ein Monitoringverfahren zur Evaluation beschlossen. So sollen zum einen der *„good governance"*-Ansatz durch Forderung nach Beseitigung von Korruption und Erhöhung von Transparenz und Partizipation in den Partnerländern und zum anderen die Einhaltung der Zusagen durch die Geberländer überprüft werden. Beide Seiten verpflichteten sich zu diagnostischen Prüfungen. Konkret wurden auch Zielvorgaben für 2010 vorgegeben und weitere Monitoring-Runden geplant.

Leitprinzip der partnerschaftlichen Zusammenarbeit von Industrie- und Entwicklungsländern ist der Begriff „Ownership" (wörtlich: „Eigentümerschaft"), der die Identifikation der Menschen in Entwicklungsländern mit den Entwicklungsanstrengungen von Programmen und Projekten umschreibt.[17] Er soll die Eigenverantwortung zum Aus-

---

[16] Quelle: OECD (2006): Erklärung von Paris über die Wirksamkeit der Entwicklungszusammenarbeit. [http://www.oecd.org/dataoecd/37/39/35023537.pdf, abgerufen Oktober 2007]. Vgl. auch Franz Nuscheler (2008): Die umstrittene Wirksamkeit der EZ. S.17,18.

[17] Vgl. Bundesministerium für wirtschaftliche Zusammenarbeit und Entwicklung (2007): Ownership. [http://www.bmz.de/de/service/glossar/ownership.html, Stand: 21.11.2007, 1.10.2008].

druck bringen, die Zielgruppen und Partnerorganisationen in der Entwicklungszusammenarbeit übernehmen – entscheidende Voraussetzung für Effizienz, Nachhaltigkeit und Entwicklungserfolge überhaupt. Konkret bedeutet dies, dass die Akteure im Partnerland möglichst viel Verantwortung und Einfluss bei der Vorbereitung und Durchführung von Programmen und Projekten übernehmen.[18] Wie schwer es den Entwicklungsländern aber fällt, nach der von der Weltbank verkündeten Maxime „vom Beifahrer- auf den Fahrersitz umzusteigen", veranschaulicht allein die Tatsache, dass in vielen afrikanischen Ländern bis zu drei Viertel aller öffentlichen Investitionen von außen finanziert werden.[19] Gleichwohl gilt auch hier: keine konstruktive Partnerschaft ohne Eigenverantwortung.

2.7 Kohärenz der Entwicklungspolitik

Kohärenz der Entwicklungspolitik liegt dann vor, wenn sich die politischen Bemühungen auf verschiedenen Ebenen und in verschiedenen Politikfeldern ergänzen und nicht gegenseitig beeinträchtigen oder gar vollends zunichte machen.[20]

Politikkohärenz sollte Maßgabe für Regierungshandeln sein. Damit ließen sich auch Ineffizienz, Ineffektivität und Glaubwürdigkeitsverlust vermeiden.

Demnach sollten auch in anderen Politikfeldern entwicklungspolitische Ziele beachtet werden. Jedoch ist das BMZ nur ein „Ministerium unter vielen", untersteht ebenso der Kabinettsdisziplin und folgt wie alle anderen Ministerien vor allem dem Ziel, deutschen Interessen zu dienen. Es stellt sich aber die Frage, ob die Forderung nach mehr Kohärenz nicht doch letztlich in eine Falle läuft. *Ashoff* verneint diese Frage und verweist auf übergeordnete Ziele, die als Leitlinien dienen können. Dazu gehören die Millenniumsziele, allgemein die Nachhaltige Entwicklung. In dieser Hinsicht würde der entwicklungspolitische Kohärenz-

---

[18] Vgl. Annette Schmid (1998): Ownership. In: Dieter Nohlen (Hrsg.): Lexikon Dritte Welt. Hamburg. S.592.
[19] Vgl. Franz Nuscheler (2008): Die umstrittene Wirksamkeit der Entwicklungszusammenarbeit. INEF-Report 93/2008. Duisburg. S.15.
[20] Vgl. Guido Ashoff (2007): Entwicklungspolitischer Kohärenzanspruch an andere Politiken. In: Aus Politik und Zeitgeschichte 48/07. S.17-22.

anspruch die Berücksichtigung eben dieser Ziele auch in anderen Politikfeldern verlangen.

Es gibt bereits verschiedene Ansätze, um (In-)Kohärenzen zu messen. Ein Beispiel ist der *Commitment to Development Index*. Im Mittelpunkt eines internationalen Vergleichs muss die über den bloßen Vergleich von Gesamtsummen Öffentlicher Entwicklungshilfe (ODA) und ihres jeweiligen Anteils am Bruttosozialprodukt des Geberstaates hinausweisende Frage stehen, welche Geber mit ihrer Entwicklungspolitik, Außenwirtschafts-, Umwelt-, Außen- und Migrationspolitik den Entwicklungsländern am nachhaltigsten helfen.[21]

Das Center for Global Development (CGD) in Washington D.C. und die Zeitschrift Foreign Policy haben einen Index der Entwicklungsförderung (Commitment to Development Index) erarbeitet, der neben Umfang und Qualität der Öffentlichen Entwicklungshilfe folgende fünf Faktoren besonders berücksichtigt, von denen die Entwicklungschancen der Partnerländer abhängen: die Öffnung der Grenzen (der Geberländer) für Importe, das Volumen der Direktinvestitionen in den Entwicklungsländern, die Bereitschaft zur Aufnahme von Migranten, Beiträge zur Friedenssicherung und ökologisches Wohlverhalten.[22]

Auf dieser Grundlage hat das CGD einen „Index des entwicklungspolitischen Engagements („Commitment to Development Index") entwickelt, der sich auf folgende Kategorien stützt[23]:

⇨ Anteil der Öffentlichen Entwicklungshilfe am Bruttoinlandsprodukt
⇨ Handelsbarrieren gegen Importe aus Entwicklungsländern
⇨ Direktinvestitionen aus Geberstaaten in Empfängerstaaten
⇨ Anteil der Migranten an der Gesamtbevölkerung
⇨ Beiträge zu internationalen Umweltinitiativen und Regierungsmaßnahmen zugunsten „sauberer" Umwelttechnologien
⇨ Ausgaben der Geberstaaten für Maßnahmen der Friedenssicherung in Partnerländern (Anteil am Bruttoinlandsprodukt)
⇨ Technologietransfer zugunsten der Entwicklungsländer

---

[21] Vgl. Paul Kevenhörster (2006): Politikwissenschaft, Bd. 2. Wiesbaden. S. 154f.
[22] Vgl. Ranking the Rich. In: Foreign Policy, June 26, 2003, Washington D.C. [www.foreignpolicy.org, ESSID, 26.6.2003]
[23] Ebd. S. 59; David Roodman (2005): The Commitment to Development Index: 2005 Edition. Center for Global Development. Washington D.C S. 7-27

Abbildung 3: Commitment to Development Index 2007

Rang	Geberland	Hilfe	Handel	Investition	Migration	Umwelt	Sicherheit	Technologie	Gesamt (Durchschnitt)
1	Niederlande	10,7	5,7	8,0	4,8	7,3	5,4	5,2	6,7
2	Dänemark	12,0	5,4	5,8	4,6	6,1	5,9	5,4	6,5
3	Schweden	11,6	5,4	6,9	5,2	6,1	4,2	5,3	6,4
4	Norwegen	10,5	0,7	7,5	4,9	8,4	7,1	5,6	6,4
5	Finnland	4,9	5,5	6,5	2,9	7,7	5,7	6,2	5,6
6	Kanada	4,1	7,1	8,0	5,1	4,3	4,3	6,7	5,6
7	Australien	3,1	6,7	7,6	6,5	4,3	6,8	4,6	5,6
8	Neuseeland	3,6	6,7	3,4	7,1	6,8	6,5	5,0	5,6
9	Vereinigtes Königreich	4,8	5,5	8,1	5,0	7,5	5,2	4,3	5,5
10	Irland	6,9	5,3	2,8	6,2	7,9	4,8	3,1	5,3
11	Österreich	2,9	5,4	3,9	10,4	6,2	3,8	4,4	5,3
12	Deutschland	2,6	5,4	8,0	6,0	6,5	3,6	4,3	5,2
13	Frankreich	4,0	5,4	6,5	2,7	6,5	3,4	6,9	5,1
14	USA	2,2	7,0	7,0	4,7	2,9	6,4	4,9	5,0
15	Spanien	2,9	5,5	7,1	7,1	3,3	2,7	6,0	4,9
16	Belgien	5,7	5,4	6,2	2,9	7,0	2,4	4,5	4,9
17	Schweiz	4,5	0,0	6,7	9,3	4,8	3,3	4,9	4,8
18	Portugal	2,4	5,5	6,5	1,3	5,8	5,6	5,2	4,6
19	Italien	2,2	5,6	6,1	2,7	4,8	3,8	5,0	4,4
20	Griechenland	2,0	5,4	4,9	1,9	5,1	5,1	3,0	3,9
21	Japan	1,2	1,5	5,9	1,7	4,7	1,7	6,3	3,3

Quelle: http://www.cgdev.org/doc/cdi/2007/CDI2007scores.pdf

Dass der Kohärenzanspruch nicht aus der Luft gegriffen ist, zeigt die Umsetzung auf internationaler (z.B. Millenniumserklärung, „Europäischer Konsens") und nationaler Ebene (z.B. Koalitionsvertrag CDU/CSU und SPD vom 11.11.2005). Demnach ist die Entwicklungspolitik Teil globaler Struktur- und Friedenspolitik hinsichtlich globaler Zukunftssicherung. Oberziele sind (1) Frieden und Sicherheit, (2) Entwicklung und Armutsbekämpfung, (3) Schutz der natürlichen Lebensgrundlagen und (4) Menschenrechte, Demokratie und gute Regierungsführung. Daraus lassen sich wechselseitige Kohärenzansprüche zwischen Entwicklungspolitik, Sicherheitspolitik, globaler Umweltpolitik, Menschenrechtspolitik und Demokratieförderung ableiten. Wichtig dabei ist, dass die Entwicklungspolitik sich neben die anderen Politikfelder einordnen muss und ihnen nicht die Normen diktiert, da auch die Entwicklungspolitik nicht alle Antworten kennt.

Vollständige Politikkohärenz ist weder theoretisch noch praktisch möglich. Hauptursachen für die Inkohärenzen sind (1) politische Interessendivergenzen, (2) unterschiedliche Zuständigkeiten auf nationaler und EU-Ebene, (3) Defizite in der Organisation politischer Entscheidungsprozesse, (4) Informationsdefizite und (5) die Komplexität des Entwicklungsprozesses selbst. Es sollte jedoch ein vorrangiges Ziel der Entwicklungspolitik sein, eine Verbesserung der Kohärenz zu erreichen. Dazu sind folgende Aspekte wichtig: (1) Politisches Engagement des zuständigen Regierungsmitglieds, (2) Strategiekompetenz, (3) systematische Analysen der Entwicklungswirkungen anderer Politiken, (4) proaktive Kohärenzarbeit der zuständigen Ministerien und Regierungsstellen und (5) intensive Informationsarbeit gegenüber Parlament und weiteren Interessengruppen, Nichtregierungsorganisationen (NRO, NGO) etc.

3 Quantität und Ausrichtung der deutschen Entwicklungszusammenarbeit im internationalen Vergleich

3.1 Höhe der deutschen Entwicklungshilfe im Vergleich

Entwicklungszusammenarbeit zu quantifizieren ist ein schwieriges Unterfangen. Man behilft sich im Allgemeinen mit den offiziellen Statistiken über Budgetmittel und die Projektanzahl. Entwicklungspolitik exakt einzuschätzen, ist fast unmöglich, da diese über Projekte und Maßnahmen deutlich hinausgeht. Wenn der deutsche Außenminister nach Nigeria fliegt und Gespräche mit dem dortigen Präsidenten führt und im Zuge dessen zugesagt wird, das Abfackeln von Erdgas zu reduzieren und der mitfliegende Siemens-Vertreter einen Großauftrag zur Digitalisierung des Telefonnetzes erhält – was davon ist Entwicklungs-, was ist genuine Außenwirtschafts-, was ist globale Umweltpolitik? Wie bereits erwähnt, die Grenzen verschwimmen, und das, was in Zahlen gepresst werden kann, sagt nicht immer etwas über das aus, was politisch getan wird und oft mehr bewirkt, als die Summe an bilateralen oder multilateralen Projektanstrengungen.

Dennoch muss etwas über die Quantität gesagt werden, um Trends ablesen zu können, die für die Betrachtung der deutschen Entwicklungspolitik wichtig sind. Der erste Trend, der sofort ins Auge fällt, ist der der Budgetentwicklung:

Bei der Einschätzung der Höhe der deutschen ODA ist zu berücksichtigen, dass die Öffentliche Entwicklungshilfe nur zu etwas mehr als zur Hälfte aus dem Haushalt des BMZ bestritten wird: In den Jahren 2006 und 2007 machte dieser Anteil 51,1% und 53,9% aus. Hinzu kommen Mittel aus dem Bundesvermögen in Höhe von 24,4% (2007), ein anrechenbarer Anteil aus dem EU-Haushalt (12,5%), Mittel der Bundesländer (8,3%), die auch die Studienplatzkosten für Studenten aus Entwicklungsländern einschließen, und Marktmittel der Kreditanstalt für Wiederaufbau (3,1%), die – mit billigen Krediten der Finanziellen Zusammenarbeit verbunden – als ODA anrechenbar sind.

Tabelle 1: Das Budget des BMZ 1990-2008

Jahr	Haushalt in Mio. DM (ab 2002 in Mrd. Euro)
1990	7.954
1991	8.296
1992	8.287
1993	8.279
1994	7.904
1995	8.051
1996	7.889
1997	7.842
1998	7.924
1999	7.817
2000	7.188
2001	7.427
2002	3,69
2003	3,8
2004	3,78
2005	3,86
2006	4,2
2007	4,5
2008	5,1

Quelle: Statistisches Bundesamt sowie BMZ (www.bmz.bund.de)

Auf dem UN-Gipfel in Rio de Janeiro im Jahre 1992 wurde das seit langem postulierte Ziel, der Entwicklungszusammenarbeit mindestens 0,7 % des Bruttosozialproduktes zu widmen, erneut bekräftigt. Außer von einigen kleineren europäischen Geberländern ist dieses Ziel bisher von niemandem erreicht oder auch nur ernsthaft verfolgt worden. Auch die aktuelle BMZ-Administration hat sich haushaltspolitisch moderatere Ziele gesetzt: Eine Marge von 0,33 % bis zum Jahre 2006, eine stetige Erhöhung der BMZ-Mittel gegen den haushaltspolitischen Spartrend sowie eine überproportionale Steigerung gegenüber den anderen Ressorts (BMZ 2003:1). Tatsächlich gelang es in den letzten Jahren, den stetig sinkenden Haushalt zu stabilisieren und leicht zu erhöhen, wenngleich er inflationsbereinigt mehr oder weniger stagnierte. Diese Entwicklung konnte aber auch nur erreicht werden, weil Sondermittel in den Haushalt hineingerechnet wurden – etwa die im Rahmen der Anti-Terror-Aktivitäten nach dem Anschlag auf das World Trade Center bereitgestellten Mittel für jene Länder, die als besonderes gefährdet für den Einfluss terroristischer Gruppierungen galten. Bis auf weiteres – und angesichts der problematischen wirtschaftlichen

Entwicklung in Deutschland und der anstehenden Haushaltskrisen – dürfte nur im bescheidenen Rahmen mit positiven Veränderungen auf der Ausgabenseite gerechnet werden. Den bisherigen, realen Ansatz zu halten, dürfte das am ehesten realisierbare Ziel sein. Mit diesen Summen ist auch „nur" die offizielle staatliche EZ eingerechnet. Dazu kommen jene Summen, die von den NRO durch Spendensammlungen oder Mitgliedsbeiträge aufgebracht werden. Diese bewegen sich meist in einem Bereich von rund 1 Mrd. Euro im Jahr, so weit sie überhaupt statistisch erfassbar sind.

Abbildung 4: Entwicklungshilfe: Wer gibt wie viel?

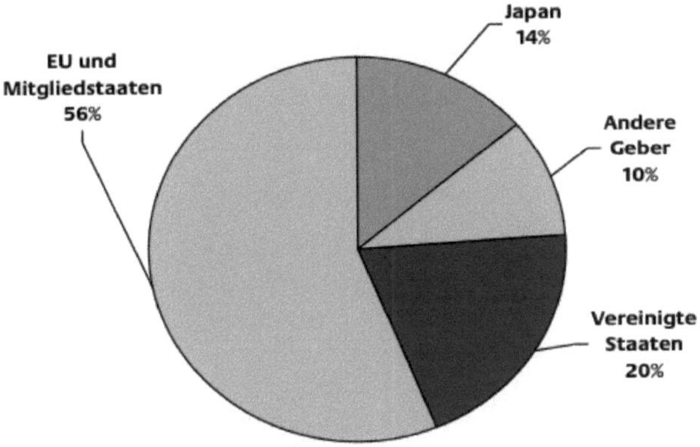

Quelle: BMZ Medienhandbuch, Bonn 2007

Im Jahr 2006 gaben die G7-Staaten zusammen 75,53 Milliarden US-$ aus für Öffentliche Entwicklungshilfe. Daran hatten die USA weltweit mit über 23 Milliarden den größten Anteil. Das ist jedoch der zweitniedrigste Anteil am Bruttonationaleinkommen (BNE) unter den Mitgliedsstaaten des Entwicklungshilfeausschusses der OECD (Development Assistance Committee DAC). Relativ gesehen war Schweden der größte Geber mit über 1 Prozent des BNE. Neben Schweden haben nur Norwegen, Luxemburg, die Niederlande und Dänemark das Ziel von 0,7 Prozent erreicht.

Abbildung.5: Geber im Vergleich 2006

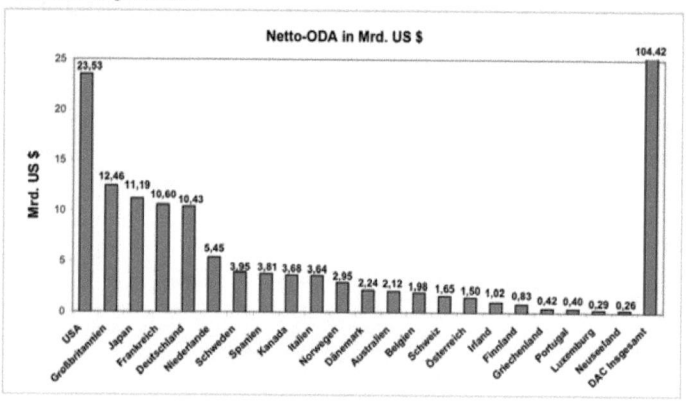

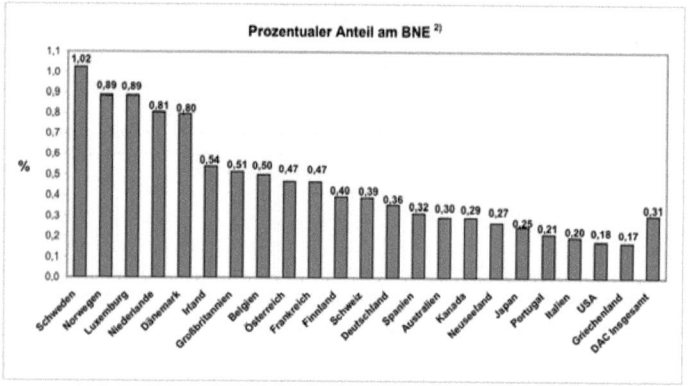

[1] Werte in jeweiligen Preisen und Wechselkursen
[2] Bruttonationaleinkommen (Bruttosozialprodukt)

Quelle: OECD / DAC

Die deutschen Beiträge an die multilateralen Organisationen und an die Europäische Union betrugen im Jahre 2007 insgesamt 3,17 Mrd. Euro. Davon entfielen auf die Europäische Union 1,79 Mrd. Euro, auf die Weltbank 801,4 Mio. Euro, die Regionalen Entwicklungsbanken 131,9 Mio. Euro und auf die Vereinten Nationen 199,8 Mio. Euro.

Die bi- und multilaterale Hilfe des BMZ teilt sich – auch aufgrund einer Vorgabe des Haushaltsausschusses des Deutschen Bundestages

– im Verhältnis zwei zu eins auf. Hierbei handelt es sich um eine allgemeine haushaltspolitische Vorgabe für das Budget des BMZ. Betrachtet man jedoch die gesamte deutsche ODA, vergrößert sich dieser multilaterale Anteil, weil die anderen Geber Öffentlicher Entwicklungshilfe innerhalb und außerhalb der Bundesregierung in weit größerem Umfang Beiträge an multilaterale Organisationen leisten.

Was ist ODA?[1]

> Öffentliche Entwicklungshilfe (**O**fficial **D**evelopment **A**ssistance) umfasst alle öffentlichen Leistungen (finanzieller, technischer und personeller Art) für Entwicklungshilfe mit einem Zuschusselement von mindestens 25 Prozent. Nicht zur ODA zählen Militärhilfen.

3.2 Partnerländer der deutschen Entwicklungszusammenarbeit

Die über die Jahre stagnierenden bzw. sinkenden Haushaltsmittel sucht das BMZ seit längerem durch eine stärkere regionale Schwerpunktlegung wirksam zu kompensieren. Auch in den darauf folgenden Zeiten eines wieder expansiven EZ-Budgets wurde diese Strategie konsequent beibehalten. Die Tatsache, dass die deutsche Entwicklungspolitik in fast jedem Entwicklungsland der Welt auf die eine oder andere Art und Weise aktiv ist, hat in der Vergangenheit zu Kritik geführt, die man angesichts kleiner werdender Budgets aufgegriffen hat. Ein Umstrukturierungsprozess wurde eingeleitet, der schließlich in die Aufteilung der Entwicklungsländer in Schwerpunktpartnerländer und Partnerländer mündete. Während in Schwerpunktpartnerländern die Kooperation auf drei inhaltliche Schwerpunkte – z. B. „Ländliche Entwicklung", „Bildung" und „Straßenbau" – konzentriert wird, verbleibt in den Partnerländern nur ein Schwerpunkt. Manche Länder sind ganz aus der Förderung gefallen.

Dabei ist in Bezug auf die Verteilung der Mittel festzuhalten, dass mit rund 20 % der größte Teil nach Afrika südlich der Sahara fließt, gefolgt von Asien und Ozeanien. Diese Summe sagt allerdings nicht allzu viel über das tatsächliche Engagement aus: Die verschiedenen Länder

---

[1] Quelle: BMZ [http://www.bmz.de/de/zahlen/imDetail/0-1_Leitfaden_Was_ist_ODA.pdf, 12.11.2008]

haben eine unterschiedlich hohe *Absorptionsfähigkeit*, d.h. die strukturellen Voraussetzungen, um staatliche EZ sinnvoll umzusetzen, sind nicht überall gleich. Während ein relativ entwickeltes Land wie z. B. Thailand oder Brasilien vergleichbar gute Voraussetzungen für die Umsetzung auch höherer Budgets bietet, kann zu viel Geld in weniger gut ausgestatteten Ländern wie etwa Ruanda mehr schaden als nützen. Betrachtet man daher die Mittelzuflüsse, muss man diese in der Analyse immer in Relation zur *Aufnahmekapazität* des entsprechenden Landes setzen. Es ist in der Vergangenheit schon öfter vorgekommen, dass sich auch die deutsche Entwicklungspolitik auf Länder „gestürzt" hat, die aus verschiedenen Gründen gerade „en vogue" waren, was zum *„easy money"-Syndrom* geführt hat. Dies bedeutet, dass aufgrund der Vielzahl an Gebern mit hohen Budgets bei gleichzeitig geringer Aufnahmefähigkeit aufgrund schlechter oder unzureichender struktureller Rahmenbedingungen alles und jeder gefördert wurde, um Abfluss finanzieller Mittel zu gewährleisten – mit entsprechenden Einbußen der nachhaltigen Wirkung.

Abbildung 6: Kooperationsländer der deutschen Entwicklungszusammenarbeit

Region	**Partnerland**
Nordafrika, Naher Osten	Ägypten, Algerien, Jemen, Jordanien, Libanon, Marokko, Palästinensische Gebiete, Syrien, Tunesien
Südosteuropa/ Kaukasus	Albanien, Bosnien und Hezegowina, Kosovo, Montenegro, Serbien, Ukraine
Subsahara Afrika	Äthiopien, Angola, Benin, Burkina Faso, Burundi, Côte d'Ivoire, Ghana, Guinea, Kamerun, Kenia, DR Kongo, Liberia, Madagaskar, Malawi, Mali, Mauretanien, Mosambik, Namibia, Niger, Nigeria, Ruanda, Sambia, Senegal, Sierra Leone, Sudan, Südafrika, Tansania, Uganda
Asien und Ozeanien	Afghanistan, Bangladesch, China, Indien, Indonesien, Kambodscha, Kirgisistan, Laos, Mongolei, Nepal, Pakistan, Philippinen, Sri Lanka, Tadschikistan, Timor-Leste, Usbekistan, Vietnam
Lateinamerika	Bolivien, Brasilien, Costa Rica, Dominikanische Republik, Ecuador, El Salvador, Guatemala, Haiti, Honduras, Kolumbien, Kuba, Mexiko, Nicaragua, Paraguay, Peru

Quelle: BMZ [http://www.bmz.de/de/laender/partnerlaender/laenderkonzentration/tabelle_neu.html, 12.11.2008]

Abbildung 7: Hauptempfängerländer deutscher bilateraler Entwicklungszusammenarbeit / Rahmenplanung 2009

	Land	FZ	TZ	Summe
1	Afghanistan*	60,00	20,00	80,00
2	Indien	47,00	16,00	63,00
3	China (VR)	42,50	17,50	60,00
4	Mosambik***	43,33	8,17	51,50
5	Tansania***	40,00	9,00	49,00
6	Ägypten**	35,00	8,50	43,50
7	Palästinensische Gebiete	37,50	5,00	42,50
8	Ghana***	33,33	6,66	40,00
9	Vietnam**	28,00	11,00	39,00
10	Indonesien**	25,00	14,00	39,00

* Die gesamten Haushaltsmittel für den Wiederaufbau sind wesentlich höher. Die Zusagen umfassten 2008 170 Millionen Euro, davon 100 Millionen aus dem Etat des BMZ.
** Zweijahreszusage (aufgelistet ist die Hälfte der Zusage)
*** Dreijahreszusage (aufgelistet ist ein Drittel der Zusage)
Quelle: Deutsche Welthungerhilfe e.V. / terre des hommes Deutschland e.V. (Hrsg.) (2008): Die Wirklichkeit der Entwicklungshilfe. Sechzehnter Bericht 2007/2008. Eine kritische Bestandsaufnahem der deutschen Entwicklungspolitik. Bonn. S.46.

3.3 Instrumente und Ausrichtung der Entwicklungszusammenarbeit in Deutschland

Die bilaterale deutsche Entwicklungszusammenarbeit zieht etwa zwei Drittel der verfügbaren Haushaltsmittel auf sich. Das letzte Drittel entfällt auf die Multilaterale Zusammenarbeit. Darunter sind Maßnahmen weltweiter Kooperation auf der Grundlage internationaler Abstimmung mit den Zielen globaler Zukunftssicherung und globaler Strukturpolitik zu verstehen. Träger solcher Projekte und Programme sind insbesondere die Weltbank, der Internationale Währungsfonds (IWF) und das Entwicklungsprogramm der Vereinten Nationen (UNDP) sowie zahlreiche Sonderorganisationen der UN für Landwirtschaft (IFAD/FAO), Gesundheit (WHO), Bildung (UNESCO), Bevölkerungsentwicklung (UNFPA) und Flüchtlingsfragen (UNHCR) u.a. Darüber hinaus fördert die Bundesrepublik Deutschland auch einige internationale Nichtregierungsorganisationen. Die Geberländer stehen dabei vor der Herausforderung, ihre Entwicklungspolitiken untereinander und mit den Empfängerländern im Interesse einer kohärenten Gesamtpolitik abzustimmen.

Für die Haushaltsplanung der Entwicklungspolitik spielen im Etat des Bundeshaushaltes (Einzelplan 23) die *Verpflichtungsermächtigungen* eine besondere Rolle. Diese legen fest, bis zu welcher Höhe die Bundesregierung verbindliche internationale Verpflichtungen eingehen kann. Die so eingegangenen Verpflichtungen werden in den Folgejahren aus den *Baransätzen* eingelöst. Der mittelfristig verfügbare Ausgaberahmen bestimmt die Höhe der Verpflichtungsermächtigungen. Schwankungen der Inanspruchnahme von Verpflichtungsermächtigungen ergeben sich vor allem aus der internationalen Verpflichtung der Bundesrepublik Deutschland zur Wiederauffüllung ihrer Anteile bei den Fonds der multilateralen Entwicklungsinstitutionen (IDA, regionale Entwicklungsbanken u. a.). Diesen Verpflichtungen stehen Forderungen an die Entwicklungsländer aus früher gewährten Darlehen gegenüber.

Die bilaterale Entwicklungszusammenarbeit der Bundesrepublik Deutschland mit den Entwicklungsländern leistet gezielte Beiträge zur Verbesserung der Lebensbedingungen in den Entwicklungsregionen und den jeweiligen Partnerländern. Zugleich verfolgt sie den Anspruch, globale Strukturpolitik mitzugestalten und zu einer wirksamen Prävention von Krisen – auch durch Förderung regionaler Kooperationsansätze – beizutragen. Die bilaterale Entwicklungszusammenarbeit bedient sich folgender Instrumente: Finanzielle Zusammenarbeit (FZ), Technische Zusammenarbeit (TZ) und im Zusammenhang mit diesen beiden Instrumenten Personelle Zusammenarbeit (PZ).

Die *Finanzielle Zusammenarbeit* (FZ) ermöglicht die Finanzierung von Sachgütern und Anlageinvestitionen in den Partnerländern. Sie wird hauptsächlich in Form günstiger Kredite den ärmsten Entwicklungsländern (Least Developed Countries/LDC) als nichtrückzahlbare Finanzierungsbeiträge zur Verfügung gestellt. Dies erfolgt im Rahmen konkreter, vereinbarter Projekte und Programme, als Warenhilfe zur Deckung eines dringenden Einfuhrbedarfs oder als Strukturhilfe zur Förderung struktureller Anpassungen (z. B. des Staatshaushalts, der Wirtschaftsordnung) in Entwicklungsländern. Schwerpunkte der FZ sind Wasserversorgung, Transportwesen, Energieerzeugung und Bewässerungslandwirtschaft.

Die *Technische Zusammenarbeit* (TZ) hat die Aufgabe, die Leistungsfähigkeit von Menschen und Organisationen in Entwicklungsländern zu fördern. Die Leistungen der Bundesrepublik werden unentgeltlich erbracht und reichen von der Bereitstellung von Beratern, Ausbildern und Sachverständigen über den Aufbau und die Förderung von Projektträgern bis zur Aus- und Fortbildung einheimischer Fach- und Führungskräfte. Durch Vermittlung technischer, wirtschaftlicher und organisatorischer Kenntnisse und Fähigkeiten sollen die Menschen in den Entwicklungsländern befähigt werden, ihre Lebensbedingungen aus eigener Kraft zu verbessern.

Mit diesen beiden Instrumenten der bilateralen Entwicklungszusammenarbeit – vor allem mit der TZ – ist die *Personelle Zusammenarbeit* eng verknüpft. Hierzu zählen insbesondere die Ausbildung von Fach- und Führungskräften, Dialogmaßnahmen mit politischen Entscheidern und Partnerorganisationen (Dialog und Training), die Förderung der beruflichen Eingliederung von Fachkräften, die Vermittlung integrierter Fachkräfte und der Einsatz von Entwicklungshelfern. Auch Nahrungsmittel-, Not- und Flüchtlingshilfe sind Formen bilateraler Entwicklungszusammenarbeit.

Die deutsche Entwicklungspolitik macht ihre Hilfezusagen seit Anfang der 90er Jahre von der Berücksichtigung interner politischer, wirtschaftlicher und sozialer Rahmenbedingungen abhängig. Dabei handelt es sich um

⇨ Beachtung der Menschenrechte
 (Freiheit von Folter, Religionsfreiheit, Minderheitenschutz)

⇨ Rechtssicherheit
 (Unabhängigkeit der Justiz, Transparenz staatlichen Handelns)

⇨ Politische Partizipation der Bevölkerung
 (Vereinigungsfreiheit, demokratische Wahlen, Stellung der Opposition, Presse- und Informationsfreiheit)

⇨ Marktfreundliche und sozialorientierte Wirtschaftsordnung
 (Schutz des Eigentums, Gewerbe- und Niederlassungsfreiheit, Preisfindung durch Markt, realistische Wechselkurse)

⇨ Entwicklungsorientierung staatlichen Handelns (*good governance*)
 (Umweltpolitik, Bevölkerungs-, Schul- und Familienpolitik, Orientierung der Politik an der Lage der Armen, effizientes und sozial ausgewogenes Steuersystem)

Die Mittel sollen demnach auf diejenigen Länder konzentriert werden, die günstige Rahmenbedingungen für eine effektive Verwendung bieten: stabilitätsorientierte Geldpolitik, Rechtssicherheit, Schutz des Privateigentums, transparente Gesetzgebung, Bekämpfung der Korruption. Erforderlich sind zudem auf Seiten der Geber weitere *Nachhaltigkeitsanalysen*, die Auskunft darüber geben wie *wirksam* die Entwicklungszusammenarbeit überhaupt ist. Die Analyse langfristiger Wirkungen setzt den Einsatz eines aufwendigen Untersuchungsinstrumentariums voraus. Doch kurzatmige Erfolgsmeldungen entwicklungspolitischen Marketings stellen hierfür keinen Ersatz dar. Vor allem aber gilt: Programme beruflicher Bildungsförderung verdienen als langfristige wirksame Förderungsmaßnahme einen höheren Stellenwert – entsprechend der Mahnung des chinesischen Philosophen Kuan-Tzu aus dem 6. Jahrhundert vor Christus: „Wenn Du für ein Jahr planst, säe die Saat. Planst Du für 10 Jahre, pflanze einen Baum. Willst Du aber für 100 Jahre planen, dann lehre das Volk."

Übersicht:

Fördermöglichkeiten und Instrumente in der *bilateralen Zusammenarbeit*
⇨ die finanzielle Zusammenarbeit: KfW, DEG
⇨ die technische Zusammenarbeit: GTZ
⇨ die personelle Zusammenarbeit: InWEnt
⇨ die Entsendung von Fachkräften im Rahmen des Zivilen Friedensdienstes durch den DED in Form von Projekten

in der *nicht-staatlichen* Zusammenarbeit:
⇨ die Finanzierung der entwicklungspolitischen Arbeit deutscher politischer Stiftungen im Rahmen eines gesonderten Haushaltstitels
⇨ die (Ko-)Finanzierung der entwicklungspolitischen Projektarbeit und Öffentlichkeitsarbeit der kirchlichen Hilfswerke (*EZE, KZE*) im Rahmen eines gesonderten Haushaltstitels
⇨ die (Ko-)Finanzierung der Projekt- und Öffentlichkeitsarbeit der entwicklungspolitischen Arbeit deutscher *NRO* im Rahmen eines gesonderten Haushaltstitels
⇨ die Entsendung von Fachkräften im Rahmen des *Zivilen Friedensdienstes* durch die NROs. Eigene Dienste in Übersee GmbH, AGEH, CFI und den Weltfriedensdienst

multilaterale Zusammenarbeit:
⇨ die finanzielle Unterstützung der entwicklungspolitischen Arbeit multilateraler Organisationen, besonders der Vereinten Nationen und ihrer Unterorganisationen, die Schenkungen an Entwicklungsländer in Form von Projekten vergeben
⇨ das finanzielle Engagement im Rahmen der Arbeit der Weltbankgruppe, die Kredite zu unterschiedlichen Sonderkonditionen an Entwicklungsländer vergibt

supranationale Zusammenarbeit:
⇨ das finanzielle Engagement bzw. die finanzielle Unterstützung von Vorhaben und Budgetlinien der Europäischen Kommission, die Schenkungen und Ko-Finanzierungen an Regierungsorganisationen und NROs in Entwicklungsländern und an deren europäische Partner vergibt
⇨ das finanzielle Engagement im Rahmen der Arbeit der regionalen Entwicklungsbanken, wie z.B. der Asian Development Bank, die Kredite zu unterschiedlichen Sonderkonditionen an Entwicklungsländer vergeben

Bezüglich der *praktischen Umsetzung* in Entwicklungsländern kann beispielsweise unterschieden werden zwischen:
⇨ Programmen
⇨ Projekten
⇨ Dialogveranstaltungen (Konferenzen, Workshops, Seminare)
⇨ Studien und Analysen

3.4 Budgethilfe

Die Budgethilfe ist unter dem Einfluss der Pariser Erklärung ein wichtiges, neues Instrument der internationalen Entwicklungszusammenarbeit geworden, das fünf Partnerschaftsverpflichtungen dient: der Eigenverantwortung der Partnerländer, der Ausrichtung auf die nationalen Entwicklungsstrategien, der Geberharmonisierung, dem ergebnisorientierten Management und der gegenseitigen Rechenschaftspflicht.[2] Budgethilfe ist eine Finanzierungsform des „Program-based Approach"

---

[2] Vgl. Peter Molt/Andrea Kolb (2008): Budgethilfe – ein geeignetes Instrument zur Umsetzung der Pariser Erklärung. [www.kas.de, 18.8.2008] S.1.

(PBA) und zugleich eine Form Programmorientierter Gemeinschaftsfinanzierung (PGF), die Budgethilfe, Korbfinanzierung und Projektfinanzierungen umfasst. Ziel der Budgethilfe ist insbesondere die Verbesserung der staatlichen Sozialleistungen und der Öffentlichen Verwaltung in den Entwicklungsländern.

Das Prinzip „Ownership" hat den stärkeren Einsatz der Budgethilfe zur Folge, die es den Partnerländern ermöglicht, eigene Prioritäten zu setzen und die Leistungen der Entwicklungshilfe stärker für die eigene Planung zu nutzen. Entscheidende Voraussetzung sind allerdings geordnete und transparente Verfahren der Haushaltsaufstellung und -kontrolle.[3] „Ownership" ist daher auch eine Bedingung der vom achten Millenniumsziel geforderten Entwicklungspartnerschaft, die einen stärkeren Einsatz der Budgethilfe nahe legt. Die Auszahlung dieser direkten Zuschüsse zum nationalen Haushalt wird an die Umsetzung zwischen Gebern und Nehmern vereinbarter Reformschritte geknüpft.[4] Denn die Geber müssen für ihre Hilfe politische Rechenschaft ablegen. Folglich lässt sich am Beispiel der dem Prinzip „Ownership" verpflichteten Budgethilfe ein Spannungsverhältnis zwischen folgenden Zielen aufzeigen.[5]

Geber		Nehmer
Planbarkeit	und	Performance
Rechenschaft	und	Flexibilität
Kohärenz	und	Engagement

Die Bundesrepublik Deutschland beteiligt sich in diesem Rahmen auch an der gemeinschaftlichen Finanzierung von Sektorprogrammen (Bildung, Gesundheit) durch mehrere Geber: der sogenannten „Korbfinanzierung".

Die entwicklungspolitische Bilanz der Budgethilfe ist zwiespältig: Einerseits ist mit ihrer Hilfe das Angebot an sozialen Diensten für arme Bevölkerungsgruppen größer und breiter geworden; andererseits

---

[3] Vgl. Franz Nuscheler: Die umstrittene Wirksamkeit der EZ. Duisburg. S.15.
[4] Vgl. Nassri Djafari (2006): Budgethilfe – Erfahrungen und Perspektiven. In: Entwicklung und Zusammenarbeit, Juli 2006. [http://www.inwent.org/E+Z/content/archiv-ger/07-2006/schwer_art3.html, 1.10.2008]
[5] Vgl. Stefan Koeberle (2005): Kein Ersatz für Country Ownership. In: E+Z, Juli 2005. [http://www.inwent.org/E+Z/content/archiv-ger/07-2005/schwer_art2.html, 1.10.2008]

erreichen die zugewiesenen Mittel die örtlichen Institutionen gelegentlich gar nicht oder nur unvollständig.[6] Einerseits sind die vom Bundesrechnungshof ermittelten „treuhänderischen Risiken" nicht zu übersehen: Mittel werden für andere als die vereinbarten Zwecke eingesetzt; andererseits trägt die Budgethilfe wesentlich zur Harmonisierung der Geberpolitik bei. Diese senkt zugleich die Transaktionskosten der Partnerländer und bietet zusätzliche Anreize zur Bekämpfung der Korruption.

Die Budgethilfe ist daher kein alternatives Konzept, sondern ein ergänzendes Instrument der Entwicklungszusammenarbeit neben der Projekthilfe.[7] Notwendig sind vor ihrer Bewilligung eine sorgfältige Analyse der Kooperationsbedingungen in den Partnerländern und ein Kriterienkatalog für die Bewilligung der Hilfe. Dies zeigen auch erste Beispiele – etwa die Budgethilfe für Mosambik. Die Hälfte der deutschen Budgethilfe im Zeitraum von 2004 bis 2009 in Höhe von insgesamt 61,5 Mio. Euro fließt in das Bildungs- und Gesundheitswesen dieses Landes, in die nachhaltige Wirtschaftsentwicklung und in Reformen von Verwaltung und der Justiz. Es bleiben jedoch größere Schwächen der öffentlichen Finanzverwaltung.[8]

Das heißt: Budgethilfe kann in solchen Empfängerländern positive Wirkungen erzielen, die eine demokratisch legitimierte, reformwillige und handlungsfähige Regierung haben. Nach dem gegenwärtigen Stand der Diskussion sind eine Fortsetzunge oder ein Ausbau der Budgethilfe dann zu befürworten, wenn

⇨ die Förderung demokratischer und rechtsstaatlicher Strukturen im Mittelpunkt steht,

---

[6] Die Experten der großen europäischen Entwicklungsorganisationen (Alliance 2015, www.alliance2015.org) haben in einer neueren Stellungnahme die Budgethilfe als ein fragwürdiges Instrument der Entwicklungszusammenarbeit bezeichnet. Direktzahlungen an die Regierungen armer Länder würden nicht ausreichend kontrolliert. So entstehe die Gefahr, dass nichtdemokratische Strukturen auf diesem Wege verfestigt und zentralistische Wirkungen zu Lasten der Zivilgesellschaft ausgelöst werden.

[7] Vgl. Bernadette Schweda (2008): Budgethilfe ist ein ergänzendes Instrument. In: Das Parlament 12/13, 17.3.2008. [http://www.bundestag.de/cgibin/druck, 1.10.2008]

[8] Vgl. kfw (2008): Programm – Allgemeine Budgethilfe. [http://www.kfw-entwicklungsbank.de, April 2008, 1.10.2008]

⇨ Nachhaltigkeit das oberste Prinzip ist,
⇨ eine kritische Auswahl der Empfängerländer gewährleistet ist,
⇨ die politische Konditionalität umgesetzt wird und
⇨ internationale Nichtregierungsorganisationen und die politischen Stiftungen stärker im Rahmen der Budgethilfeprogramme eingebunden werden.[9]

Mit anderen Worten: Budgethilfe senkt die Transaktionskosten und den Harmonisierungsaufwand und wird den Zielgrößen Ownership und Mittelabfluss gerecht. Die schwierigen Voraussetzungen für den Ausbau der Budgethilfe lassen es aber geraten erscheinen, dieses Instrument „vorsichtig und mit Bedacht"[10] einzusetzen.

---

[9] Vgl. Peter Molt/Andrea Kolb (2008): Budgethilfe – ein geeignetes Instrument zur Umsetzung der Pariser Erklärung. [www.kas.de, 18.8.2008] S.5/6.
[10] Christian Ruck (2008): Ergebnisse des Accra-Gipfels zur Effizienz der Entwicklungszusammenarbeit. [www.kas.de, 11.September 2008] S.4.

4 Akteure

Übersicht: Akteure der Entwicklungszusammenarbeit[1]

⇨ die *Weltbank* und die regionalen Entwicklungsbanken (z.B. Afrikanische, Asiatische und Interamerikanische Entwicklungsbank)
⇨ die zahlreichen Unterorganisationen der UNO, insbesondere UNDP, UNEO, ILO, UNICEF, FAO, WFP, UNAIDS, UNCDF, UNDCP, UNV, UNESCO
⇨ *EuropeAid*, die im Jahre 2000 gegründete Entwicklungsbehörde der Europäischen Kommission und das 1992 geschaffene European Commission Humanitarian Office (ECHO)
⇨ die bilateralen *staatlichen Akteure* wie USAID, DFID, CIDA, SIDA, DANIDA, BMZ
⇨ die para-staatlichen *Durchführungsorganisationen* der finanziellen, technischen und personellen Zusammenarbeit wie die KfW, die GTZ, InWEnt, der DED
⇨ transnational agierende *zivilgesellschaftliche Organisationen*, die vor allem als *Themenanwälte* arbeiten (Amnesty International, Transparency International, World Wide Fund for Nature)
⇨ transnational agierende *säkulare zivilgesellschaftliche Organisationen*, die vor allem Projekte und Programme in Entwicklungsländern unterstützen bzw. durchführen (CARE, Oxfam, COPI, Welthungerhilfe)
⇨ die *kirchlichen Hilfswerke* und ihre Partner in Entwicklungsländern (Misereor, Brot für die Welt)
⇨ die *politischen Stiftungen*, die Dialogveranstaltungen und Projekte in Entwicklungsländern finanzieren (in Deutschland die FES, KAS; HBS; FNS; HSS; RLS)
⇨ Regierung, Verwaltung und nachgeordnete Behörden in Entwicklungsländern, die sich mit sozialen, wirtschaftlichen und politisch-administrativen Themen befassen
⇨ die zahlreichen nicht-staatlichen Akteure im Süden, deren Anzahl und Größe oft bedeutend unterschätzt wird (BRAC, MYRADA, ENDA)

---

[1] siehe Berthold Kuhn (2005): Entwicklungspolitik zwischen Markt und Staat. Frankfurt/New York.

4.1 Akteure in Deutschland

Akteure der Entwicklungszusammenarbeit in Deutschland sind die entwicklungspolitischen Entscheidungsinstanzen: der Bundestag und hier insbesondere der Ausschuss für wirtschaftliche Zusammenarbeit und Entwicklung (AWZ) sowie der Haushaltsausschuss (als zentrale politische Schaltstelle für den Einzelplan 23 des Bundeshaushalts); die Bundesregierung und hier wiederum insbesondere das Bundesministerium für wirtschaftliche Zusammenarbeit und Entwicklung (BMZ) als entwicklungspolitisch federführendes Ressort. Institutionen staatlicher Entwicklungszusammenarbeit sind die Kreditanstalt für Wiederaufbau (KfW), die Deutsche Gesellschaft für Technische Zusammenarbeit (GTZ), der Deutsche Entwicklungsdienst (DED), die Internationale Weiterbildung und Entwicklung (InWEnt) gGmbH und das Deutsche Institut für Entwicklungspolitik (DIE).

Abbildung 8: BMZ Haushalt 2005

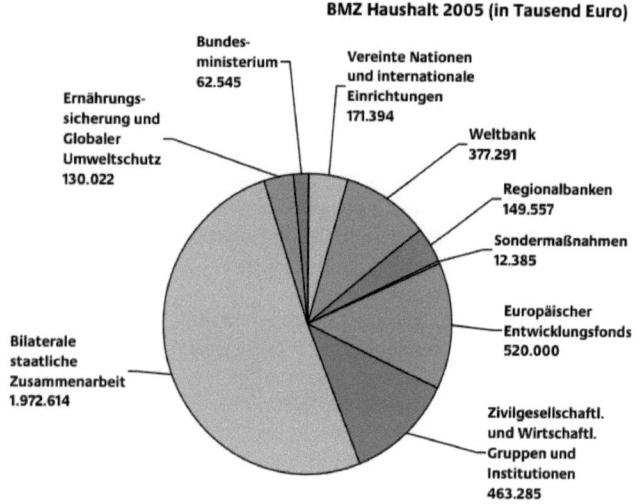

Quelle: BMZ Medienhandbuch

Das **BMZ** als Organisationsrahmen der staatlichen Entwicklungszusammenarbeit hatte und hat vornehmlich mit der Rahmenplanung, der Schwerpunktsetzung, der Begleitung und natürlich der Finanzierung von Projekten und Programmen zu tun. Als Ministerium führt es selbst keine Maßnahmen durch, zu diesem Zwecke hat sich eine große Vielzahl von Durchführungsorganisationen entwickelt, die im Auftrag des Ministeriums auf verschiedenen Feldern tätig sind. Die wichtigsten dieser Organisationen sollen kurz vorgestellt werden:

Deutsche Gesellschaft für Technische Zusammenarbeit (GTZ). Das 1975 als formal privatwirtschaftliches, aber zu 100 % im Besitz des Bundes befindliches gegründete Unternehmen hat einen *Generalvertrag* mit dem BMZ zur Durchführung entwicklungspolitischer Maßnahmen im Bereich der Technischen Zusammenarbeit, d.h. mit Projekten und Programmen, die das Ziel haben, das *Leistungsvermögen von Menschen und Organisationen zu erhöhen* und die institutionellen Rahmenbedingungen für Entwicklung in den Partnerländern zu verbessern. In ihrem Selbstverständnis agiert die GTZ dabei nicht nur als Agentur zur Vermittlung von Wissen und Fertigkeiten, sondern auch als Moderator zwischen Staat und Zivilgesellschaft. In den letzten Jahren hat sich die Bandbreite der Aktivitäten in der Tat zunehmend auch in den Bereich der Förderung von Demokratie und Good Governance hinein erweitert. Obgleich die GTZ mit ihren rund 10.000 Mitarbeitern und Büros in 63 Ländern immer noch der „Koloss" unter den Durchführungsorganisationen ist, hat sie in den 1990er Jahren einen erheblichen Schrumpfungs- und Umstrukturierungsprozess hinnehmen müssen, der nicht zuletzt eine Reaktion auf die sinkenden Haushaltsmittel war. „Drittgeschäfte", also Auftragsarbeiten für andere Geber als das BMZ, machen immer noch einen kleinen Teil der Aktivitäten der GTZ aus. Im Jahre 2001 betrug der Umsatz der GTZ 866 Mio. Euro, es wurden 2703 Projekte in 131 Entwicklungsländern durchgeführt.

Kreditanstalt für Wiederaufbau (KfW). Die KfW ist eine staatseigene Bankengruppe, die eine Vielzahl von Aufgaben im In- und Ausland wahrnimmt. Zu diesen Aufgaben gehört im Rahmen der EZ auch die Finanzielle Zusammenarbeit, d.h. die Finanzierung von Investitionen und Reformprogrammen in Entwicklungsländern. Die KfW agiert dort, wo Kapitalbedarf nicht durch langfristiges einheimisches oder bezahlbares internationales Kapital gedeckt werden kann, und vergibt Kredite zu günstigen Konditionen, dazu auch nicht rückzahlbare Zuschüsse. Ein Großteil der von der KfW durchgeführten Maßnahmen finden sich dementsprechend im Infrastrukturbereich, wie z. B. Straßenbau, Schulbau, öffentliche Dienstleistungen (Wasser, Strom) u.ä. Zur KfW gehört auch die Deutsche Entwicklungsgesellschaft (DEG), die vor allem den Privatsektor unterstützt. Insgesamt wurden im Jahre 2001 Zusagen in Höhe von 3,3 Mrd. Euro gemacht, eine Steigerung von 1,4 Mrd. Euro gegenüber dem Vorjahr. Die KfW hat sich mit einem hohen Kredit am Entschuldungsprogramm für „Highly Indebted Poor Countries" (HIPC) beteiligt.

InWEnt. Die Abkürzung „InWEnt" steht für „Internationale Weiterbildung und Entwicklung". Die gemeinnützige GmbH ist ein Zusammenschluss aus den vormals autonom existierenden Organisationen der „Carl-Duisberg-Gesellschaft" (CDG) sowie der „Deutschen Stiftung für internationale Entwicklung" (DSE), die im Jahre 2002 im Rahmen einer Strukturreform zusammengelegt wurden. Hauptaufgabe von „InWEnt" ist die Personelle Zusammenarbeit, hier vor allem das Training und die Fortbildung von Führungs- und Fachkräften aus den Entwicklungsländern vornehmlich in Deutschland. Die Fortbildungsprogramme decken dabei zahlreiche fach- und berufsspezifische Themen ab, pro Jahr nehmen etwa 35000 Personen aus Entwicklungsländern an den Trainings teil. Mit etwa 900 Beschäftigten an 35 Standorten im In- und Ausland und einem Budget von etwa 130 Mio. Euro jährlich ist „InWEnt" einer der großen Empfänger öffentlicher Mittel im Rahmen der Entwicklungspolitik.

Weitere wichtige Institutionen sind z. B. der Deutsche Entwicklungsdienst (**DED**), der Entwicklungshelfer in Projekte entsendet, das Centrum für Internationale Migration und Entwicklung (**CIM**), das integrierte Fachkräfte z. B. in Verwaltungen der Partnerländer einsetzt und zahlreiche weitere Organisationen mehr, die von Seiten des BMZ mit vielfältigen Durchführungsaufgaben betraut werden. In zunehmendem Maße werden diese auch von privatwirtschaftlichen Consultingfirmen mit entsprechender Fachqualifikation übernommen.

Abbildung 9: Beziehungen des BMZ zu seinen staatlichen Durchführungsorganisationen (Stand 2005)

	KfW	GTZ	InWEnt	DED	DIE	CIM
Organisationsform	Anstalt des öffentlichen Rechts Entwicklungsbank	Gemeinnützige GmbH; 100 % Bundesbeteiligung	Gemeinnützige GmbH	Gemeinnützige GmbH; 95 % Bundesbeteiligung	Gemeinnützige GmbH	Arbeitsgemeinschaft der GTZ u. ZAV
Rechtliche Form der Mittelvergabe *	Projektförderung (Finanzielle Zusammenarbeit)	Projektförderung (Technische Zusammenarbeit)	Projekt- und institutionelle Zuwendungen	Projekt- und institutionelle Zuwendungen	Institutionelle Zuwendungen	Zuwendungen als Programmförderung
	Bundesministerium Mitglied des Verwaltungsrats. Mittelvergabe in Form von Einzelaufträgen auf der Grundlage von Projektprüfungsberichten	Staatssekretär Vorsitzender des Aufsichtsrates. Mittelvergabe in Form von Einzelaufträgen auf der Grundlage von Projektangeboten.	Staatssekretär ist Vorsitzender des Aufsichtsrates, Referatsleitung 111 ist Mitglied der Gesellschaftsversammlung; im beratenden Kuratorium wirkt das BMZ auf Unterabteilungsebene mit.	Staatssekretär und Abteilungsleiter sind Mitglied des Verwaltungsrates; Zuwendungsbewilligung.	BMZ als Hauptgesellschafter Steuerung und Steuerung durch Kuratorium des DIE. Vorsitzende Psts'in.	Integrierte Fachkräfte
Höhe der BMZ-Mittel in € absolut (in % ihres Etats)	1.233 Mio. € (70 Prozent)	636,9 Mio. € (75 Prozent)	101,925 Mio. € (73 Prozent)	86,4 Mio € (100 Prozent)	3,476 Mio. € (100 Prozent)	50,529 Mio. € (100 Prozent)

Erläuterung zum Organigramm
Das BMZ bedient sich zur Durchführung seiner entwicklungspolitischen Vorhaben verschiedener, rechtlich eigenständiger Durchführungsorganisatione. In dieser Graphik werden die Arbeitsbeziehungen des BMZ zu den wesentlichen staatlichen Durchführungsorganisationen dargestellt, die in der Ägide des BMZ liegen.

* Projektzuwendungen: Leistungen an Stellen außerhalb der unmittelbaren Bundesverwaltung für abgegrenztes Vorhaben. Institutionelle Zuwendungen: Leistungen zur Deckung eines nicht abgegrenzten Teils der Ausgaben eines Zuwendungsempfängers. Projektförderung: Mittelvergabe auf einer vertraglichen Basis.

Wichtige Akteure der Entwicklungszusammenarbeit sind ferner im kirchlichen Bereich Diakonisches Werk, Brot für die Welt, Misereor, Zentralstelle für Entwicklungshilfe, Evangelische Zentralstelle für Entwicklungshilfe und Deutscher Caritasverband. Unter der Vielzahl privater Institutionen der Entwicklungszusammenarbeit sind besonders hervorzuheben: Deutsche Welthungerhilfe, Deutsches Rotes Kreuz, Terres des Hommes, Deutscher Volkshochschulverband, Medico International und Sparkassenstiftung für internationale Kooperation.

Neben diesen – und weiteren – staatlichen Einrichtungen gibt es noch eine große, fast unüberschaubare Vielzahl nichtstaatlicher Organisationen, die sich auf die eine oder andere Art und Weise Themen der Entwicklungspolitik verschrieben haben.

Abbildung 10: Die wichtigsten Formen und Instrumente der Entwicklungsarbeit*

Die Größen der einzelnen Felder sind nicht proportional zum Volumen der eingesetzten Finanzmittel
Quelle: BMZ

Das fängt auf unterer Ebene mit *Dritte-Welt-Gruppen* an, die entweder lokal begrenzt entwicklungspolitische Öffentlichkeitsarbeit leisten oder ein kleines Projekt in einem ausgewählten Entwicklungsland unterstützen, sehr oft auch verankert im kirchlichen Bereich. Es geht weiter mit bundesweit agierenden Organisationen, die sich entweder einem bestimmten Land oder einer Region verpflichtet fühlen, die als entwicklungspolitische Lobbyisten tätig werden oder bestimmte Bereiche der Unterentwicklung (z. B. nur Gesundheit oder nur Bildung) im Blickpunkt haben. Es gipfelt schließlich in den bereits sehr großen, in vielen Ländern tätigen, mit viel Personal ausgestatteten **NRO**, die eine weite Palette an Aufgaben erfüllen und in der Öffentlichkeit aufgrund ihrer Kampagnenfähigkeit am deutlichsten erkennbar sind. Zu den bekanntesten gehören da die kirchlichen Hilfswerke oder überkonfessionelle Organisationen wie die „Deutsche Welthungerhilfe". Etwas mehr als 100 dieser NRO haben sich im „Verband Entwicklungspolitik deutscher Nichtregierungsorganisationen e.V." (**VENRO**) zusammengeschlossen, um vor allem in der Öffentlichkeitsarbeit und

Lobbyarbeit tätig zu sein. Da viele der NRO-Netzwerke auf Ebene der Bundesländer ebenfalls VENRO-Mitglieder sind, repräsentiert der Dachverband insgesamt gut 2000 Organisationen ganz unterschiedlicher Größe und Ausrichtung.

Eine besondere Stellung nehmen die *politischen Stiftungen* der Parteien in diesem Zusammenhang ein. Obgleich fast ausschließlich aus Steuermitteln finanziert, erfreuen sie sich einer hohen Planungsautonomie und sind in zahlreichen Ländern der Welt, im Regelfall mit Beratungs- und Trainingsprogrammen, aktiv. Jeder der im Bundestag vertretenen Parteien steht eine solche Stiftung nahe: Die Friedrich-Ebert-Stiftung der SPD, die Konrad-Adenauer-Stiftung der CDU, die Hanns-Seidel-Stiftung der CSU, die Friedrich-Naumann-Stiftung der FDP, die Heinrich-Böll-Stiftung den Grünen und die Rosa-Luxemburg-Stiftung der Linkspartei. Alle sind im Ausland, zum Teil mit eigenen Büros, auf unterschiedlichen Ebenen vertreten. Sie genießen im Gesamtzusammenhang der internationalen Entwicklungspolitik eine Sonderstellung, da andere Geberländer diese Konstruktion üblicherweise nicht kennen. Gerade im Bereich politischer Beratung und Kapazitätsbildung haben sich die Stiftungen in der Vergangenheit ein hohes Ansehen erarbeiten können.

Damit ist aber noch nicht der gesamte Kanon entwicklungspolitischer NRO in Deutschland abgedeckt: Einen exakten Überblick über alle Organisationen, die in diesem Bereich tätig sind, kann man nur schwer gewinnen. Auch die politikwissenschaftliche Würdigung der Arbeit der NRO ist übrigens bisher eher übersichtlich: Es gibt kaum ein Feld im Bereich der deutschen Entwicklungspolitik, in dem mehr wissenschaftliche Fragen offen sind als in diesem.

Neben der Finanzierung durch Spenden ist auch die öffentliche Förderung, gerade für die größeren NRO, zu einem wichtigen finanziellen Standbein geworden. Die Tatsache, dass NRO zum Teil einen erheblichen Teil ihrer Mittel aus Zuwendungen der öffentlichen Geber bestreiten, führt zu einer mitunter auch hart geführten Diskussion darüber, wann eine NRO (oder NGO) noch wirklich autonom handelt und ab wann sie zu einer „QUANGO", einer „quasi-nichtstaatlichen" Organisation mutiert.

Das BMZ hat spezielle Förderprogramme vor allem für die bildungspolitische Arbeit der EZ-NRO aufgelegt. Die durch InWEnt administrierten Programme bieten auf der einen Seite Kleinstzuschüsse für entwicklungspolitische Aktionsgruppen für Vorträge und Seminare

(AGF-Programm, bis zu 500 €) und reichen auf der anderen Seite bis hin zu großen Projekten für langfristige Aktivitäten im Bereich der Öffentlichkeitsarbeit (FEB-Programm, Durchschnitt 2006: ca. 112.000 € pro bewilligtem Projekt).

Ein wichtiger Geldgeber für NRO ist die Europäische Union. In den letzten Jahren ist allerdings eine Tendenz erkennbar, dass die EU nur noch große und international gut aufgestellte, hoch professionalisierte NRO fördern möchte, die in der Lage sind, das komplexe Abrechnungswesen der EU ordnungsgemäß zu bedienen. Kleinere Organisationen, auch in Konsortien, haben immer höhere Hürden für eine EU-Finanzierung zu überwinden.

Wenn man die Vielzahl der EZ-Organisationen betrachtet und die Ziele der Kohärenz und allgemein der Effektivität und Effizienz der Entwicklungszusammenarbeit beachtet, stellt sich die Frage, ob eine derart zersplitterte Organisationslandschaft wirklich notwendig ist. Daher wird immer wieder gefordert, die Zahl der Geberorganisationen in Deutschland zu reduzieren. Ziel sollte es sein, das „Überangebot" an Geberangeboten zu verringern und diese dadurch zu straffen.[2]

4.2 Internationale Akteure

Ebenfalls erwähnt werden müssen die Aktivitäten Deutschlands in den wichtigen multilateralen Organisationen. Es gibt eine lange Tradition eines relativ hohen Engagements etwa innerhalb der Vereinten Nationen oder auch der großen internationalen Finanzinstitutionen wie etwa der Bretton-Woods-Zwillinge Weltbank (Abb.11) und Währungsfonds. Neben diesen besitzen auch die regionalen Entwicklungsbanken entwicklungspolitisches Gewicht: die Asiatische Entwicklungsbank, die Afrikanische Entwicklungsbank, die Interamerikanische Entwicklungsbank und die Karibische Entwicklungsbank. Die Tätigkeit dieser Banken wird jeweils durch angeschlossene Entwicklungsfonds unterstützt.

Die Bretton-Woods-Organisationen (BWI) geraten immer wieder unter Kritik.[3] Doug Bandow und Ian Vasquez kritisieren z.B., dass durch

---

[2] Tillmann Elliesen (2008): Entwicklungszusammenarbeit: Ohne Wirkung. In: E+Z 2/2008. S.50.
[3] Rainer Tetzlaff (1996): Weltbank und Währungsfonds – Gestalter der Bretton Woods-Ära. Opladen. S.29/30.

subventionierte Kredite und künstlich niedrige Zinsen notwendige politische Reformen und eine „gesunde Entwicklung" verhindert würden.

Abbildung 11: Die Weltbank

Quelle: Weltbank

Dabei kommt die Kritik aus allen politischen Lagern. Die einen kritisieren, dass sie einfach überflüssig seien und vielmehr eine „gesunde, freie marktwirtschaftliche Entwicklung" behinderten. Die Kritik geht sogar so weit, den BWI bewusste Fehlinformation, Verstärkung der Krisen in den Entwicklungsländern, Begünstigung von Umweltzerstörung und Verstärkung der Armut vorzuwerfen.

Der Anteil des deutschen Beitrages an global agierenden, multilateralen Programmen – wie dem United Nations Development Programme (UNDP) – ist signifikant. Multilateralismus hat phasenweise sogar den Vorzug vor bilateralen Vereinbarungen gehabt, dies war zu Zeiten des Kalten Krieges eine der Möglichkeiten Deutschlands, außenpolitisches Profil zu gewinnen (eine bemerkenswerte Parallele übrigens zur japanischen Entwicklungspolitik, die in einem noch stärkeren Maße multilateral tätig gewesen ist). Erkennbar ist jedoch immer noch eine gewisse Diskrepanz zwischen dem offiziellen, finanziellen Engagement in internationalen Organisationen der Entwicklungspolitik und der Sichtbarkeit deutschen Personals in diesen – eine Erfahrung, die viele Studierende der Politikwissenschaft auf der Suche nach Praktikumsplätzen in solchen Institutionen ebenfalls machen dürfen.

Auch im Rahmen der OECD engagiert sich die Bundesrepublik in der Entwicklungszusammenarbeit. Das Development Assistance Committee (DAC) ist das wichtigste Organ der OECD zur Entwicklungszusammenarbeit. Sein Ziel ist die Koordinierung der Maßnahmen der bilateralen Geberländer zur Steigerung der Effektivität. Von den 30 OECD-Mitgliedsstaaten sind 23 Mitglied des DAC. Er wurde 1960 als „Forum for consultation amongst aid donor" eingerichtet. 1996 wurde in der gemeinsamen Veröffentlichung „Shaping the 21st Century: the Contribution of Development Cooperation" eine Reihe von Entwicklungszielen formuliert, die als Basis für die MDGs 2000 dienten.

Der DAC hat zwei Hauptaufgaben:

⇨ Die Entwicklungsländer sollen dazu befähigt werden, an der Weltwirtschaft teilzuhaben.
⇨ Die Armut soll überwunden und die Menschen befähigt werden, voll an ihrer Gesellschaft zu partizipieren.

Um diese Ziele zu erreichen, sind die *Peer Reviews* der Entwicklungspolitik *eines* Landes durch die anderen Mitglieder des DAC ein wichtiges Mittel. Hinzu kommen die Sammlung und vor allem auch die Veröffentlichung von Statistiken unter anderem über die Höhe der ODA der einzelnen Geber. Der DAC hat auch einen großen Einfluss auf die Evaluierungsarbeit.

4.3 Verfahrensablauf für die Planung und Durchführung

Staatliche Entwicklungszusammenarbeit bilateraler Natur findet immer in einem festen rechtlichen Rahmen statt. Grundlage für bilaterale EZ sind bindende völkerrechtliche Verträge zwischen Regierungen. In sog. *Regierungsverhandlungen* werden daher regelmäßig mit allen Partnerregierungen die Rahmenbedingungen für die kommenden Jahre gemeinsam besprochen und in eine konkrete vertragliche Form gegossen. In diesen Verträgen werden die Schwerpunkte der deutschen EZ-Anstrengungen definiert, Partnerinstitutionen auf Seite des Empfängerlandes benannt und der grobe Rahmen der Kooperation gesetzt, der nachher in der konkreten Projektplanung detaillierter ausgeführt wird. Im Regelfall ist es nicht oder nur unter erschwerten Bedingungen möglich, Projekte und Programme außerhalb der vereinbarten Schwerpunkte zu initiieren.

Abbildung 12: Verfahrensablauf für die Planung und Durchführung der Finanziellen und Technischen Zusammenarbeit

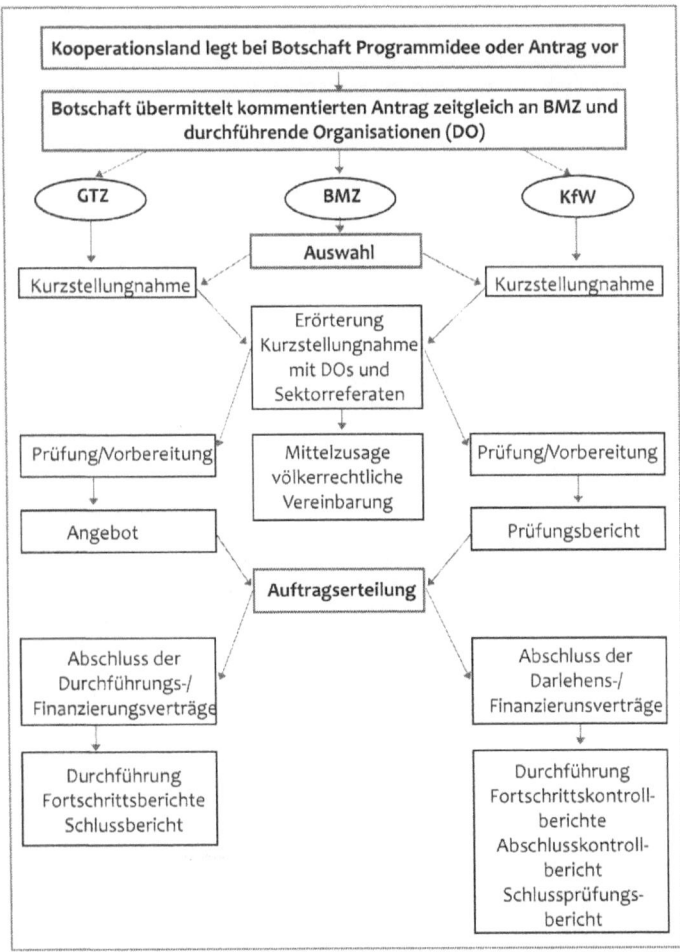

Quelle: BMZ, Medienhandbuch 2007, S. 61

Ein wichtiger, zumindest theoretischer Gesichtspunkt bei der Planung ist dabei auch die *Geberkoordination*, mit der verhindert werden soll, dass mehrere Geber das Gleiche machen oder den gleichen Sektor mit unterschiedlichen, sich möglicherweise widersprechenden Zielen bearbeiten. Theoretisch gehört es zu den Aufgaben der Partnerregierung, in ihren Absprachen mit den zahlreichen Gebern eine solche Koordinierung sicherzustellen. Tatsächlich kommt es aber dennoch oft genug vor, dass die Partnerländer an einer solchen Koordinierung entweder kein großes Interesse haben – etwa, um die Überlebensfähigkeit ihrer eigenen Institutionen durch so viel EZ-Mittel wie möglich zu sichern – oder die damit betrauten ministeriellen Abteilungen sich überfordert zeigen. Geberkoordination bleibt in vielen Ländern eines der größten Desiderate der öffentlichen Entwicklungszusammenarbeit.

Gegenüber einer eher abwehrenden („negativen") Koordination wird die positive Koordination der Geber immer wichtiger, da sich diese bewusst sind, dass sie allein nicht viel erreichen können. Die positive Koordination findet ihren Ausdruck in der programmorientierten Gemeinschaftsfinanzierung („Korbfinanzierung") von Entwicklungsvorhaben, in der Paris Declaration und vor allem in den Poverty Reduction Strategy Papers (PRSP) als Instrument der Armutsbekämpfungsstrategien. Dieses Konzept beruht darauf, dass sich Regierung und Zivilgesellschaft im Partnerland auf eine gemeinsame Strategie der Armutsminderung verständigen. Ergebnisse und Wirkungen dieser Strategien werden durch Monitoring-Maßnahmen unterstützt, um gezieltere Eigenanstrengungen der Entwicklungsländer und eine wirksamere Entwicklungszusammenarbeit zu ermöglichen. Die PRSP sind nicht nur Schlüsselinstrumente zur Armutsbekämpfung, sondern auch eine Voraussetzung für den Schuldenerlass.[4] Auf der Grundlage eines engen Zusammenhangs von Country Ownership und gesellschaftlicher Partizipation haben sich etwa fünfzig Entwicklungsländer an der Implementierung von nationalen Strategien der Armutsbekämpfung beteiligt.[5]

---

[4] Vgl. Gertrud Falk (2003): Poverty Reduction Strategy Papers – eine Chance zur Bekämpfung ländlicher Armut in Subsahara-Afrika?. Duisburg. INEF Report/Heft 72.

[5] Vgl. Walter Eberlei (2003): Partizipation und Ownership in den PRS. In E+Z 11-2003. [http://www.inwent.org/E+Z/content/archiv-ger/11-2003/schwer_art2. html, 1.10.2008]

Sind die rechtlichen Rahmenbedingungen der Zusammenarbeit erst einmal geschaffen, werden konkrete Projektvorhaben nach einem relativ strengen Ablaufmuster initiiert. Hierbei kommt neben dem in Abb. XII beschriebenen generellen Ablauf der Nutzung dezidierter Projektplanungsinstrumente eine besondere Bedeutung zu. Bereits seit einigen Jahren legen immer mehr Geber größeren Wert auf die Planung, Berichterstattung und Evaluation von Projekten anhand von Verfahren des *„Project Cycle Management"* (PCM). Für die deutsche GTZ etwa wurde vor einigen Jahren das AURA-Verfahren eingeführt. AURA steht für *„Auftragsrahmen"* und Kernstück dieses Antragsverfahrens ist die Etablierung einer sog. „Wirkungskette". Die EU hat ein elaboriertes Verfahren des PCM mit dem Kernstück des *„Logframe Approach"* als vergleichbares Verfahren für die Projektplanung entwickelt. Diese Ansätze haben alle grundsätzlich das Ziel, jede Phase der Projektplanung logisch zueinander in Bezug zu setzen und einen sich gegenseitig befruchtenden Kreislauf aus Analyse, Planung, Formulierung, Implementierung, Evaluation und neuer Planung zu schaffen.

Abbildung 13: Programmzyklus

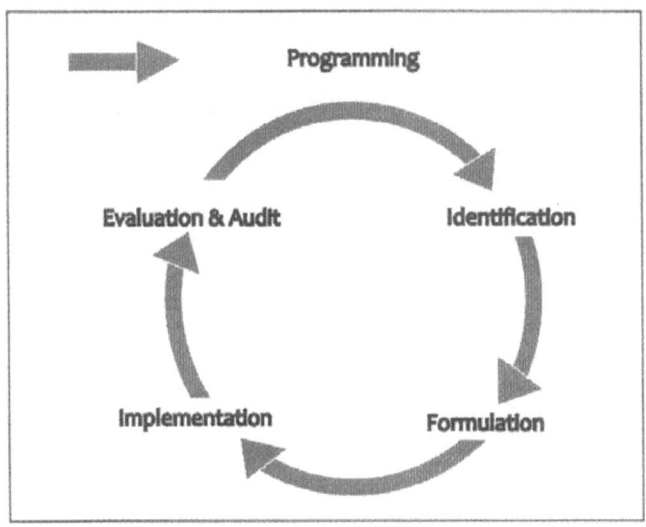

Quelle: European Commission - Common Service for External Relations (CSR): Projekt Cycle Management. Training Handbook, Brüssel 1999, S. 6

Ein wesentlicher Grund für die Einführung solcher Methoden war die Erkenntnis, dass bisherige Verfahren eklatante Mängel aufwiesen. Sie führten zu unklaren Strategieformulierungen, einer starken Angebotsorientierung, einer oft mangelhaften Situationsanalyse, einer rein an Aktivitäten orientierten Planung und vor allem zu letztlich nicht nachweisbaren Wirkungsannahmen. Die neuen Methoden sollen daher vor allem daran ansetzen, mit einer besseren Analyse und einer mehr ziel- und wirkungsorientierten Planung nachweisbare Wirkungsannahmen zu formulieren und damit auch das Berichts- und Prüfwesen klarer zu strukturieren.

Die von GTZ und BMZ gemeinsam entwickelte Wirkungskette versucht daher vor allem, ein Leitfaden für die Projektplanung zu sein, der klar zuzuordnende Wirkungen und darüber hinausgehende Wirkungsannahmen voneinander trennt. Dafür wird der Begriff auch der sog. „Zuordnungslücke" verwendet. Diese Lücke soll den Bereich bezeichnen, in dem keine logischen, mit Indikatoren exakt belegbaren und *unmittelbar* auf die Projektaktivitäten zurückzuführenden Wirkungsannahmen möglich sind, da viele andere Einflussfaktoren eine Rolle spielen, die jenseits der Einflussmöglichkeiten einer EZ-Intervention liegen. So wird die in der Vergangenheit allzu leichtfertig formulierte Annahme, ein konkretes Projekt habe auf der Makro-Ebene einen wirksamen Beitrag zur allgemeinen Armutsminderung geleistet, zurecht gerückt. Oder, anders gesagt: Das AURA-Verfahren und die Wirkungskette zwingen zu mehr Bescheidenheit und Ehrlichkeit. So ist das neue Verfahren nicht zuletzt dazu geeignet, die Legitimation von EZ auf eine neue Grundlage zu stellen. Die Wissenschaft bleibt indessen aufgefordert, die „Zuordnungslücke" durch Wirkungshypothesen zu indirekten Wirkungen von Programmen zu schließen.

Abbildung 14: Die GTZ/BMZ-Wirkungskette

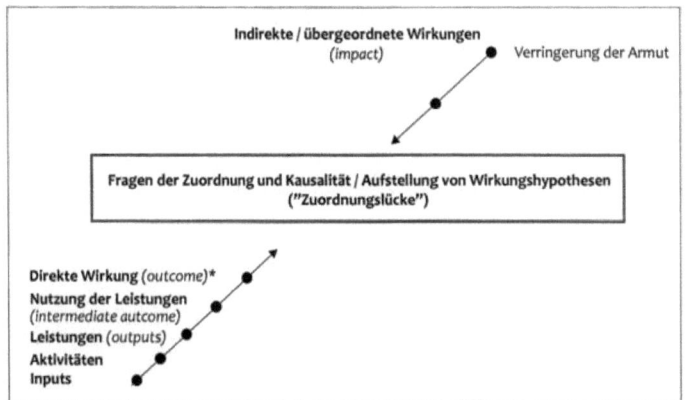

Quelle: In Anlehnung an GTZ: Anleitung zur Erfolgsbewertung von Vorhaben, Eschborn 2007, S. 2.

Obleich das AURA-Verfahren nur für GTZ-Projekte verbindlich ist, hat die Diskussion um die Wirkungskette die gesamte deutsche EZ erneut mit der *Notwendigkeit von wirkungsorientierten Projektplanungsverfahren* konfrontiert. Auch Empfänger öffentlicher EZ-Mittel, die in der Vergangenheit etwas liberalere Antrags- und Planungsverfahren benutzt haben, sehen sich einer stetig wachsenden Erwartungshaltung nicht nur des Gebers ausgesetzt, hier zu konziseren Vorgehensweisen zu gelangen. Viele NROs haben bereits vor geraumer Zeit z. T. sehr elaborierte interne Verfahren etabliert, die große Affinität zu den hier vorgestellten Abläufen haben. Generell ist davon auszugehen, dass sich Projektplanungsverfahren dieser Art, mit unterschiedlichem Komplexitätsgrad, früher oder später bei allen größeren EZ-Geberorganisationen, seien sie staatlich oder zivilgesellschaftlich, durchsetzen werden. Für Maßnahmen, die durch die EU gefördert werden, sind sie ohnehin schon eine wesentliche Grundvoraussetzung.

5 Problemfelder der Entwicklungspolitik

5.1 Staatsversagen

> **Der „kaputte Kontinent"**[1]
>
> Afrika richtet sich selbst zugrunde. Diktatoren wie Mugabe in Simbabwe sind dafür ein Beispiel. Hinzu kommen Bürgerkriege und ethnische Auseinandersetzungen, die von den Entwicklungsorganisationen oft einfach ignoriert bzw. schöngeredet wurden. Selbst ein Staat wie Südafrika scheint nach dem Wechsel an der Spitze des ANC nicht mehr vor Chaos gefeit.

> **Nach der Globalisierung**[2]
>
> Sind die Entwicklungsländer selbst verantwortlich?
>
> „Insgesamt ist klar, dass die Summe der wirtschaftlichen Initiativen der einheimischen Akteure und die Summe der sozialen, politischen und nicht seltenen kriegerischen Auseinandersetzungen im einzelnen Entwicklungsland in letzter Instanz den Ausschlag für seinen Entwicklungspfad und -erfolg geben. [...] Diese Tatsache entlastet aber all die Institutionen, die von außen in die Verhältnisse der Entwicklungsländer intervenieren, nicht von ihrer Verantwortung für die Wirkung, die ihre Interventionen in den betreffenden Ländern haben."

---

[1] Hans Christoph Buch (2008): Kenia und der kaputte Kontinent. In: F.A.Z. vom 15.2.2008. S. 37.
[2] Peter Niggli (2004): Nach der Globalisierung. Zürich. S. 68.

Abbildung 15: Korruption im internationalen Vergleich

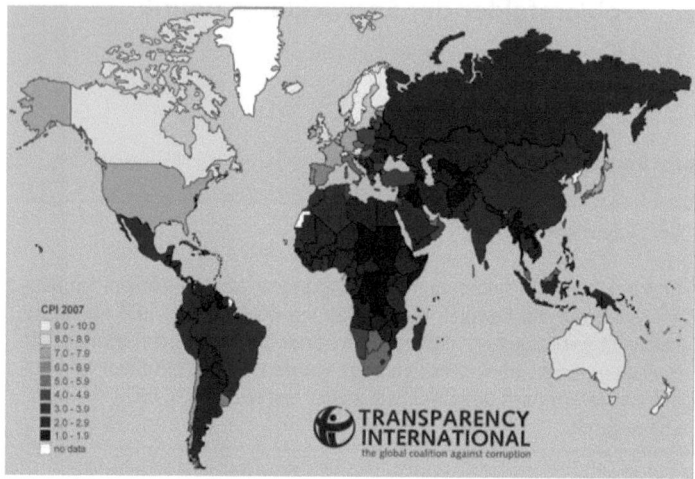

Quelle: Transparency International 2007

5.2 Ökonomische Probleme

Nach dem Weltbankbericht von 2006 haben die Entwicklungsländer in den 1990er Jahren einen bemerkenswerten Fortschritt in der Konsolidierung ihrer finanzpolitischen Lage erreicht. So konnte die Inflation begrenzt und die nominale Stabilität erhöht werden. Das fiskalische Defizit sank von 6-7 Prozent des BIP in den frühen 1980er Jahren auf 2 Prozent in den frühen 1990ern und auf 3 Prozent Ende der 1990er. Allerdings ist die Situation noch lange nicht zufriedenstellend. Die Finanzpolitik der Entwicklungsländer ist noch sehr viel unbeständiger als die der entwickelten Länder.

Insgesamt gilt noch immer, dass makroökonomische Stabilität erforderlich ist. Sie ist zwar nicht ausschließlich für ökonomisches Wachstum wichtig, aber doch von großer Bedeutung. Insolvenz, hohe und instabile Inflationsraten und stark überbewertete Wechselkurse bleiben Ursachen extremer Instabilität und langsamen Wachstums. So zeigen die 1990er Jahre, dass noch drei weitere Faktoren für ein nachhaltiges Wachstum hinzukommen müssen: „(a) die institutionellen Rahmenbedingungen, in denen fiskalische, monetäre und Wechselkurs-Politik formuliert werden; (b) der Grad, in dem makroökonomische Instabilität vermieden wird; und (c) das Ausmaß, in dem sich gegenseitig ergänzende wachstumsfördernde Reformen implementiert werden."[3]

Abbildung 16: Ungleichheit der Einkommensverteilung

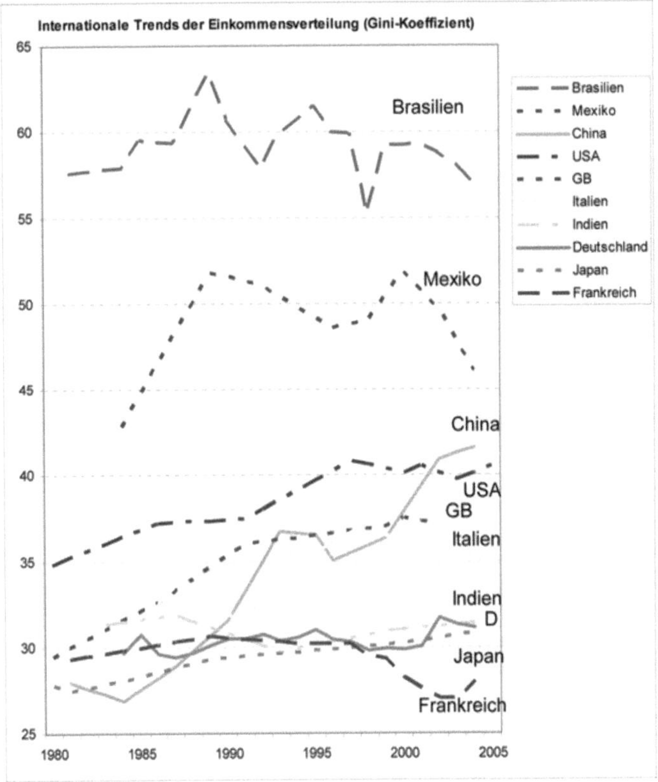

Quelle: IMF
Anmerkungen: USA nach 2000: Daten basieren auf ganzjährige Vollzeitbeschäftigung; Deutschland vor 1992: Daten basieren auf Westdeutschland

---

[3] Übersetzt aus: Peter *Montiel*/Luis *Serven* (2006): Macroeconomic Stability in Developing Countries: How Much Is Enough? In: The World Bank Observer, Vol.21, No.2 (Fall 2006). S.155-159/171.

Die Ungleichheit der Einkommensverteilung (Abb. 16) ist nach Angaben des IWF nicht auf schnelles Wachstum des internationalen Handels, sondern vielmehr darauf zurückzuführen, dass neben dem technischen Fortschritt durch den Anstieg ausländischer Direktinvestitionen und die steigende Verflechtung der internationalen Finanzsysteme der Wert qualifizierter Arbeitskräfte steigt und zudem die Reichen die neuen Chancen besser nutzen können. Ziel der Politik sollte es daher sein, sowohl den Geringqualifizierten als auch den Beziehern niedriger Einkommen zu helfen, damit auch sie von dem Fortschritt profitieren können.

Direktinvestitionen vs. Sweatshops[4]

Entwicklungsländer stehen vor dem komplexen Problem, dass sie einerseits zwar Kapital von außen in Form von Direktinvestitionen (FDI) benötigen, um eine eigene Industrie aufbauen zu können, aber andererseits oft arbeitsintensive Industrien anlocken. Dann müssen diese Länder ihre Arbeiter vor Ausbeutung schützen.

Dabei kommt der Wert der FDI nicht vorherrschend aus der Schaffung neuer Arbeitsplätze, sondern aus einer Erweiterung der produktiven Aktivitäten im Gastgeberland. Der größte Beitrag der FDI für ein Entwicklungsland ist das integrierte Paket: Technologie, Wirtschaftstechniken, Managementkenntnisse, ...

Afrika streitet für freien Baumwollmarkt[5]

Ziel der Entwicklungsländer ist mehr Wettbewerb auf dem Weltmarkt, da ausgerechnet die Europäer diesen Wettbewerb bekämpfen. So werden im Falle der Baumwolle vor allem die Afrikaner benachteiligt. In der WTO werden üblicherweise verschiedene Themen immer als Paket verhandelt.

---

[4] Theodore Moran (2002): Beyond Sweatshops, Washington D.C. S.148.
[5] Sven Aszheimer (2005): Afrika streitet für freien Baumwollmarkt. In: F.A.Z. vom 29.7.2005.

Die ehemaligen Kolonien sind gegen offene Märkte[6]

Die Neuordnung der Beziehungen zwischen der EU und den AKP-Staaten gerät ins Stocken.

Besonders problematisch ist, dass die Privilegien für die AKP-Staaten nicht zu einer besseren Entwicklung dieser Länder führten, sondern sich vielmehr die Exporte der afrikanischen Staaten auch weiterhin vor allem auf Bodenschätze und Agrarprodukte konzentrierten. Demgegenüber würde die EU einen freien Zugang zum afrikanischen Markt erhalten.

Abbildung17a: EU-Importe aus Afrika:

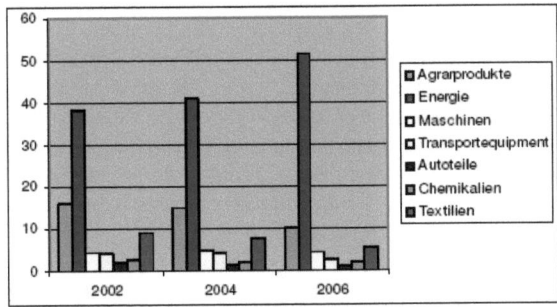

Quelle: nach FAZ, Daten: Europäische Kommission

Abbildung17b: EU-Exporte nach Afrika

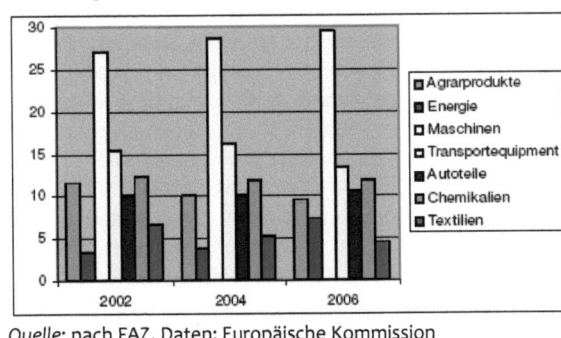

Quelle: nach FAZ, Daten: Europäische Kommission

---

[6] Hendrik Kafsack (2007): Die ehemaligen Kolonien sind gegen offene Märkte. In: F.A.Z. vom 11.12.2007. S. 23.

Diese drei Beispiele sollen nur kurz anreißen, dass eine Problemanalyse selbst bezüglich eines „schwierigen" Kontinents wie Afrika immer ein erhebliches Maß an Komplexität mit sich bringt, und dass ökonomische Erfolgsprozesse mitunter trotz schwieriger Rahmenbedingungen möglich sind.

Entwicklungsländer müssen somit anders als Industrieländer behandelt werden.[7] Dies ist mittlerweile allgemein anerkannt. So dürfen Entwicklungsländern z.B. bei Zöllen Vorteile eingeräumt werden. Mit einem erweiterten Marktzugang kann den Staaten geholfen werden. Die Europäische Union hat 2001 die Märkte bis auf wenige Ausnahmen einseitig für die ärmsten Länder geöffnet. Dies hat sie nicht mit Zugeständnissen verbunden, die oft im Gegenzug verlangt werden.

Bei der Diskussion um den *„verlorenen Kontinent"* Afrika werden allerdings gerne positive, ja ökonomisch zum Teil revolutionierende Entwicklungen übersehen, die sich zu einem großen Teil nicht mit der Wirksamkeit von Entwicklungszusammenarbeit erklären lassen. Drei Phänomene sollen hier kurz angerissen werden, die es ermöglichen, einen allzu beschränkten Blick auf die Herausforderungen des weltweit größten „Problemkontinents" zu erweitern:

⇨ Die **Telekommunikationsrevolution**, die den afrikanischen Kontinent seit gut zehn Jahren durchdrungen hat und die dazu führte, dass viele afrikanische Staaten begonnen haben, bei der Entwicklung ihres Telekommunikationswesens einen Entwicklungsschritt – das Festnetz – schlicht zu überspringen und stattdessen flächendeckende Mobilfunknetze zu errichten. Dies hat dazu geführt, dass eine echte „pro-poor-technology" in fast allen afrikanischen Staaten Einzug gehalten hat. Nicht nur, dass Mobiltelefone immer erschwinglicher wurden, sie werden auch zunehmend zur Kompensation anderer Defizite verwendet, wie z. B. zur Überweisung von Geld, zur Analyse lokaler Märkte für den Verkauf von landwirtschaftlichen Produkten, zum virtuellen Handel über SMS und zur einfacheren Kontaktaufnahme mit der Diaspora, was zu sichtlich höheren Rücküberweisungen (Remittances) geführt hat. Dazu kommt, dass die unmittelbaren Beschäftigungseffekte, von der kapitalintensiven Anschaffung der Technologie einmal abgesehen, im Distributionssystem vor Ort eingetre-

---

[7] Vgl. Joseph *Stiglitz* (2006): Die Chancen der Globalisierung. München. S.114 f.

ten sind. Das hat zu positiven Einkommenseffekten auf breiter Ebene geführt. Der afrikanische Telekommunikationsmarkt ist mit 50-60 % pro Jahr der am schnellsten wachsende Markt der Welt.

⇨ Der bereits erwähnte Effekt der „*Remittances*" – d.h. der privaten **Rücküberweisungen** aus der Diaspora in Europa, Amerika und Asien nach Afrika – ist erst in den letzten Jahren verstärkt in den Vordergrund gerückt, obgleich die Weltbank sich diesem Thema schon seit längerer Zeit widmet. Die aktuelle Relevanz des Themas zeigt sich u. a. darin, dass etwa das niederländische Parlament die eigene nationale EZ dazu aufgefordert hat, zu diesem Thema ein Konzeptpapier zu entwickeln, das 2008 vorgelegt wurde. Es hat vor allem die Verbindung der Thematik Migration und Entwicklung zu einem zentralen Aspekt der entwicklungspolitischen Diskussion nicht nur in Bezug auf Afrika gemacht (siehe dazu Abschnitt 7.2).

⇨ Für den Sektor der ausländischen Direktinvestitionen ist die rasante und unvorhersehbar **dynamische Entwicklung des afrikanischen Börsen- und Bankenwesens** von zentraler Bedeutung. Die zentralen afrikanischen Börsenplätze auch außerhalb Südafrikas haben mit rapiden Kapitalisierungsraten und zum Teil dreistelligen Wachstumsraten in den letzten zehn Jahren zu einer beispiellosen Aufholjagd angesetzt. Geschäftsbanken, die vorher meist staatlich kontrolliert kaum im Privatkundengeschäft tätig gewesen sind, bilden nunmehr internationale, kontinentale Netzwerke mit Filialstrukturen, die bis in die ländlichen Gebiete hinein reichen. Der massive Ausbau des Bankautomatensystems sowie, für Afrika beinahe revolutionär, das Angebot von Konsumentenkrediten für Privatkunden sind nur zwei der augenfälligsten Konsequenzen aus diesem massiven Expansionsprozess.

Die Rolle der Ökologie[8]

Der Zustand „Armut" lässt sich nicht allein durch den Indikator „Einkommen" erfassen. Zudem sind auch der „Zugang zu Natur, zu einer sozialen Gemeinschaft, zu öffentlichen Basisdiensten oder zu politi-

---

[8] Vgl. Wolfgang Sachs (2005): Ökologie – die neue Farbe der Gerechtigkeit. In: Hirsch/Seitz (Hrsg.): Zwischen Sicherheitskalkül, Interesse und Moral. Frankfurt/Main. S.15-31.

schen Entscheidungen" zu berücksichtigen. Beispielsweise gibt es Einkommensarme, die durch Naturgüter und Sozialnetze aufgefangen ein erträgliches Leben führen können. Daher definiert der *Human Development Report* **Armut** als „ein(en) Mangel an jenen Grundbefähigungen (capabilities), die zu erlangen erlauben, was für Lebensunterhalt und Würde als wichtig angesehen wird" (Sachs 2005: 16).

Nachhaltige Entwicklung ist ein anspruchsvoller, schwieriger Begriff. Tatsächlich gibt es einen Zwiespalt zwischen dem Versuch, die Welt gerecht zu gestalten, und dem Ziel, eine Naturkrise zu verhindern oder zu mildern.

6 Evaluation: Diskussion über Qualität und Wirkungen der Entwicklungszusammenarbeit

6.1 Kritik an der Entwicklungszusammenarbeit

Bei der Beschäftigung mit der EZ stellt sich natürlich auch die Frage, ob sie überhaupt wirkt und ob Erfolge zu verzeichnen sind.

So wurden immer wieder Stimmen laut, die die EZ äußerst negativ sehen oder gar ganz abschaffen wollen.

Warum Entwicklungshilfe abgeschafft gehört
(Welt Online: 6.11.2007)[1]

James Shikwati (kenianischer Ökonom):
„[Der Handel zwischen der EU und den afrikanischen Staaten] ist der entscheidende Antrieb. Aber nicht mithilfe der WPAs, das ist wieder von oben herab. Wir sollten erst die regionalen Märkte in Afrika entwickeln, die eigenen Fähigkeiten stärken. Rohstoffe sollten nicht exportiert, sondern in Afrika weiterverarbeitet werden. Im Ostkongo befinden sich – unter anderem – etwa 70 Prozent der weltweiten Coltanvorkommen, ein wichtiges Metall für die Herstellung von Mobiltelefonen. Die Kämpfe in der Region gingen und gehen in erster Linie um die enormen Rohstoffvorkommen. Die Menschen an den Rohstoffen verdienen zu lassen würde dem Konflikt die Ursache entziehen."
WELT ONLINE: Kann das funktionieren? Fehlt nicht oft die nötige Infrastruktur?
Shikwati: „Die Mineralien im Ostkongo werden ja schon heute abgebaut, unter einfachsten Bedingungen. Bei entsprechendem Interesse der Menschen ist alles machbar. Man könnte erst einmal Flughäfen bauen, improvisierte „Wirtschaftszentren", kleine Inseln. Die Briten haben zu Kolonialzeiten in Kenia den Naiwasha-See als ersten Flugplatz benutzt, für Wasserflugzeuge, und die Infrastruktur nach und nach ge-

---

[1] http://www.welt.de/politik/article1336091/Warum_Entwicklungshilfe_abgeschafft_gehoert.html

schaffen. Man kann nicht alles auf einmal machen, nur Schritt für Schritt."
WELT ONLINE: Hemmt das weitverbreitete Prinzip der erweiterten Familie, wonach von jedem, der etwas verdient, erwartet wird, dass er dies verteilt?
Shikwati: „Die Familie hält die Menschen nicht davon ab, größere Dinge zu tun und erfolgreich zu sein. Ich glaube, dass viele Ansätze in Entwicklungshilfegeldern ertränkt werden. Im Kleinen gilt das Gleiche: Statt Geld kann man den Familienangehörigen die Möglichkeit geben, selbst Geld zu verdienen. Wir haben sehr große Chancen in Afrika, vor allem unsere Generation."

Länderbeispiel Botswana[2]

Welches Land verzeichnete das höchste Pro-Kopf-Wachstum der Welt von 1960 bis heute?
- Auf diese Frage können bestimmt verschiedene Länder genannt werden, die vermutlich alle in Ostasien vermutet werden. Allerdings ist die richtige Antwort „Botswana". In diesem afrikanischen Land stieg das Pro-Kopf-Einkommen durchschnittlich um 6 Prozent jährlich. Die Entwicklungshilfe hatte daran zu Beginn einen maßgeblichen Anteil. Später nahm die Entwicklungshilfe ab, während das Einkommen weiterhin zulegte. So haben in den letzten Jahrzehnten vor allem der *Reichtum an Bodenschätzen* und der *verantwortungsbewusste Umgang* mit diesen sowie die seit der Unabhängigkeit stabile demokratische politische Ordnung zu diesem Ergebnis geführt.

6.2 Wozu Evaluation?

Von zentraler Bedeutung für die erfolgsorientierte Durchführung von Projekten der Entwicklungszusammenarbeit sind *Monitoring* und *Evaluation*. Das *Monitoring* ist das projektbegleitende Überwachen des Fortschrittes in Abgleich mit den festgelegten Zielen und Wirkungen, es ist ein *formalisierter Beobachtungsprozess* durch die Projektleitung, dessen Informationen es ermöglichen soll, auf Veränderungen und Herausforderungen rechtzeitig zu reagieren, um den Projekterfolg zu

---

[2] Vgl. William *Easterly* (2006): Wir retten die Welt zu Tode. Frankfurt/Main. S.38.

garantieren. Neben dem Projektmonitoring durch die Projektleitung findet oft auch ein Monitoring statt, das bereits evaluative Aspekte enthält, etwa die meist nach vorher definierten Phasen bei der GTZ üblichen *Projektfortschrittskontrollen* (PFK). Eine Evaluation wird in vielen Fällen ex-post, also nach Abschluss der Aktivitäten, durchgeführt. Ebenso wie die PFK werden dafür im Regelfall externe Gutachter eingesetzt, die mit dem eigentlichen Projektgeschehen, der Planung und der durchführenden Organisation nichts zu tun gehabt haben und damit einen unabhängigen *Blick „von außen" auf die Wirkungen* und die Durchführung des Vorhabens werfen können. Größere EZ-Organisationen – auch im NRO-Bereich – haben eigenständige Evaluationsabteilungen, die oft im Organisationsgefüge über ein recht hohes Maß an Autonomie verfügen und den Geschäftsführern direkt zugeordnet sind. Diese planen und steuern Evaluationsmissionen, suchen Gutachter aus und formulieren „Terms of Reference", den Referenzrahmen, der einer jeden Begutachtung zugrunde liegt.

Hatte man schon Probleme damit, sich mit der *Quantität* der Entwicklungspolitik zu befassen – nicht zuletzt aufgrund ihrer Heterogenität -, wird das Betrachtungsproblem beim Thema *Qualität* mindestens noch um einen Grad größer. Qualitätskontrolle ist eine wesentliche Aufgabe aller Durchführungsorganisationen der EZ, wie wir in der Darstellung der Wirkungskette (Vgl. 4.3) gezeigt haben. Diese bezieht sich jedoch im Regelfall auf Wirkungsindikatoren, die eng mit dem jeweils zu betrachtenden Projekt oder Programm verknüpft sind. In der Betrachtung der Mikroebene gelingt es, konkrete, von Rahmenbedingungen abhängige, fallweise zu wählende und im Regelfall schwer zu verallgemeinernde Indikatoren für Veränderung zu finden. Ob diese Veränderung dann als Entwicklung im positiven Sinne antizipiert wird, hängt wiederum nicht zuletzt von der zu erwartenden *Nachhaltigkeit dieser Veränderung* ab. Borrmann u. a. (1999: 17) schreiben:

> „Erfolgskontrolle beinhaltet (...) eine möglichst kontinuierliche und systematische Beobachtung und Dokumentation sowie objektive, periodische, partizipative und zielorientierte Bewertung laufender und abgeschlossener Projekte und Programme, insbesondere im Hinblick auf die Relevanz ihrer Ziele, den Zielerreichungsgrad, ihre Wirksamkeit und Effizienz, ihren Entwicklungsbeitrag und ihre Nachhaltigkeit."

Die Relevanz der Ziele eines Projektes ergibt sich aus den politischen Zielvorstellungen der Geber wie der Nehmer von Entwicklungshilfe, aus den konkreten regionalen und lokalen Rahmenbedingungen, die es ebenso wie die Kapazitäten und Eigeninteressen der Trägerorganisationen zu analysieren gilt. Der im Zitat genannte Entwicklungsbeitrag wiederum bezieht sich auf die *Makro-Ebene*, also die Frage etwa, ob das Projekt eine – erfolgreiche oder erfolglose – Projektinsel geblieben ist, ob es ein effektives Mainstreaming und eine zielgerichtete Verbreitung der positiven Entwicklungsimpulse des Vorhabens gegeben hat. Ferner geht es um die Frage, ob diese Impulse komplementär zu den *übergeordneten Entwicklungszielen* sind, wie sie etwa in den Regierungsverhandlungen zwischen Geber- und Nehmerländern identifiziert worden sind – oder wie sie sich durch Konditionalität und politischen Druck als Ziele „zwangsweise" ergeben haben. Entwicklung bleibt in der Operationalisierung damit notwendigerweise ein konkret auf die zu analysierende Situation bezogener Begriff, der – das ist die sich daraus ergebende Konsequenz – durchaus verschiedene Bedeutungen in unterschiedlichen Kontexten haben kann.

6.3 Wie werden Wirkungen gemessen?

Wirkungen der Entwicklungszusammenarbeit

Die Wirkungen der Entwicklungszusammenarbeit sind Gegenstand der Wirkungsanalysen und Evaluationen, die *Wirkungsketten* von Projekten und Programmen anhand folgender Dimensionen und Theoriebausteine untersuchen (*Stockmann*). Zentraler Maßstab ist dabei die *Nachhaltigkeit politischer Programme*. Ihre Dimensionen werden folgendermaßen erfasst:

Projektorientierung
Der Träger führt Neuerungen in eigenem Interesse und zu eigenem Nutzen fort.

Produktionsorientierung
Der Träger verfügt über eine Struktur, die ihn in die Lage versetzt, den Nutzen auch für andere dauerhaft sicherzustellen.

Systemorientierung
Die Innovation erfasst nicht nur die Zielgruppe und den Projektträger, sondern führt über Diffusionsprozesse zu einer Leistungssteigerung des gesamten Systems (z. B. des Erziehungssystems oder des Gesundheitssystems).

Innovationsorientierung
Der Träger verfügt über ein Innovationspotential, um auf veränderte Umweltbedingungen flexibel und angemessen zu reagieren.

Um die Wirkungen der Programme der Entwicklungszusammenarbeit zu bestimmen, müssen mehrere Theoriebausteine herangezogen werden (*Stockmann*): Im Rahmen des *Lebensverlaufsmodells* wird der gesamte Prozess eines Programms untersucht. Das *Wirkungsmodell* zeigt Parameter auf, mit denen der Träger und seine Beziehungen zur Zielgruppe und zur Umwelt untersucht werden. Das *Diffusionsmodell* wiederum setzt Parameter ein, mit denen die Ausbreitung von Innovationen erklärt werden kann. Schließlich stellt das *Nachhaltigkeitsmodell* Bewertungsmaßstäbe auf, mit denen die Wirksamkeit bzw. Nachhaltigkeit politischer Programme eingeschätzt werden kann. So kann es gelingen, die Wirkungskette der Entwicklungszusammenarbeit zu ermitteln: von dem Einsatz von Experten und ihrer Ausrüstung und einem stärkeren Mitteleinsatz in Aus- und Fortbildung, Forschung und Beratung über einen verbesserten Ausbildungs- und Kenntnisstand der Zielgruppe, ein wachstumsfreundlicheres institutionelles Umfeld, die Steigerung des Wirtschaftswachstums und die Schaffung neuer Arbeitsplätze bis hin zur Anhebung des Gesundheitsniveaus und zur Verbesserung sozialer Aufstiegschancen. Entscheidend ist dabei für die Praxis wie für die Analyse, dass es dem Träger eines Programms im Rahmen seiner Organisationsstruktur, seiner Ziele, finanziellen und personellen Ressourcen, seiner Technologie und seiner Projektkonzeption gelingt, enge Beziehungen zur Umwelt, d. h. Zielgruppen, soziokulturellem Umfeld und politischem System aufzubauen.

Wie erfolgreich sind die Programme der Entwicklungszusammenarbeit? Die Beantwortung dieser Frage setzt die Umsetzung entwicklungspolitischer Ziele in Evaluationskriterien voraus. Einem Vorschlag des Entwicklungshilfeausschusses (DAC) der OECD folgen die wichtigsten Geberländer und unterscheiden folgende Evaluationskriterien:

Die **Effizienz** misst das Ergebnis der Intervention im Verhältnis zum Ressourceneinsatz.

Die **Effektivität** bestimmt den Umfang, indem Projektziele durch das Projektergebnis verwirklicht wurden.

Die **Wirkung** bezeichnet vorhersehbare und unvorhergesehene, positive und negative Auswirkungen des Projektes auf Zielgruppen und andere Personen.

Die **Relevanz** benennt den Grad, in dem das Projekt im Sinne entwicklungspolitischer Prioritäten gerechtfertigt werden kann.

Die **Nachhaltigkeit** erfasst den Umfang, in dem positive Projektwirkungen nach Projektende fortbestehen.

Nach den *Vorgaben des Development Assistance Committees* der OECD sind die Erfolgsdeterminanten wie folgt zusammenzufassen (OECD 1992:136f):
- ⇨ Rationalität und Relevanz (Sinn des Vorhabens, Realisierbarkeit)
- ⇨ Effektivität (sachliche, zeitliche, finanzielle Zielerreichung)
- ⇨ Effizienz (Kosten-Nutzen-Relation)
- ⇨ Entwicklungswirkungen (intendiert und nicht-intendiert, Beitrag zu zentralen entwicklungspolitischen Anliegen)
- ⇨ Signifikanz (Dimension der Wirkung)
- ⇨ Nachhaltigkeit (Fortdauer nach Rückzug des Inputs)
- ⇨ Lessons Learned (Erklärung von Erfolgen und Misserfolgen)

Prinzipien und Kriterien der Evaluation (DAC)

Wichtige **Prinzipien** für Evaluationen sind:
- ⇨ Unparteilichkeit und Unabhängigkeit
- ⇨ Glaubwürdigkeit
- ⇨ Partizipation
- ⇨ Nützlichkeit
- ⇨ Transparenz und Verbreitung

> *Wichtige **Kriterien** für Evaluationen sind:*
> ⇨ Relevanz
> ⇨ Kohärenz und Koordination
> ⇨ Effektivität
> ⇨ Effizienz
> ⇨ Wirkung
> ⇨ Nachhaltigkeit
>
> Vgl. hierzu: BMZ Medienhandbuch, Bonn 2007.

Für die Aufstellung entwicklungspolitischer Erfolgsbilanzen ist es notwendig, auf dieser Grundlage Entwicklungsziele in einem gegebenen Problemfeld in Teilziele umzusetzen und diesen einzelne Indikatoren oder Indikatorengruppen zuzuordnen. Aus dem Zusammenwirken der Indikatoren, d. h. dem Verbund der Teilziele eines Problemfeldes, kann durch Aggregation der jeweilige Entwicklungserfolg oder –misserfolg ermittelt werden.

Dieses Vorgehen lässt sich am Beispiel der Bilanz der *menschlichen Entwicklung* illustrieren, die das Entwicklungshilfeprogramm der Vereinten Nationen (UNDP) jährlich aufstellt. Hier werden die Gesundheit am Anstieg der Lebenserwartung gemessen, die Erziehung am Anteil der Menschen mit Lese- und Schreibfähigkeit, die Ernährungssituation am Anteil der Unterernährten, die Einkommensentwicklung am Bruttosozialprodukt pro Kopf, die Gleichstellung der Frauen am Anteil der Mädchen in weiterführenden Schulen, die Situation der Kinder an der Säuglingssterblichkeit sowie dem Umfang der Unterernährung, die Situation der Umwelt am Volumen belastender Brennstoffe sowie dem Umfang der Luftverschmutzung und schließlich die allgemeinen Lebensbedingungen an der Zahl der Flüchtlinge usw.

Wesentliche Voraussetzung erfolgreicher Entwicklungspolitik ist eine ergebnisorientierte Entwicklungsplanung, die auf Seiten der Partnerländer eine klare Entwicklungsorientierung staatlichen Handelns (*good governance*) erfordert. Oberziel dieser Politik ist eine am Ziel der Förderung menschlicher Ressourcen orientierte Regierungsführung im Dienste nachhaltiger menschlicher Entwicklung. Ein wichtiges Unterziel dieser Politik ist die Förderung eines dezentralen Verwaltungsaufbaus, der partizipatorische kommunale Politik ermöglicht und Gemeinden sowie lokale Organisationen stärkt. Hieraus ergeben sich für die praktische Entwicklungszusammenarbeit zwei strategische Kooperationsfelder: die Unterstützung einer konsequenten Dezentralisierungspolitik und die Stärkung des Managements kommunaler Dienstleistungen.

Worin sind nach den Befunden bisheriger Evaluationen der Wirkungen entwicklungspolitischer Projekte die wichtigsten Schlüsselgrößen für Entwicklungserfolge zu sehen? Die Ziele der Projektarbeit werden nur erreicht, wenn der Projektträger sie von Beginn an voll akzeptiert; denn ein fehlender Zielkonsens zu Beginn der Projektdurchführung lässt sich später nicht mehr herstellen. Eine rein formale Billigung der Ziele reicht nicht aus. Ist der Zielkonsens mangelhaft, so ist mit entsprechenden Defiziten der Personalausstattung, der Entscheidungskompetenz der Durchführungsorganisation vor Ort und mit Finanzengpässen zu rechnen.

Ein Weiteres kommt hinzu: Für den Projekterfolg sind fundierte Zielgruppenanalysen und umfassende Zielgruppenbeteiligungen vor Projektbeginn ausschlaggebend. Mit nachhaltigen Wirkungen auf die Zielgruppe ist nur dann zu rechnen, wenn die Zielakzeptanz schon zu Projektbeginn gegeben war und das Förderende überdauert. Für die Zielgruppen sind die Projektleistungen attraktiver, wenn die damit verbundenen staatlichen Versorgungsleistungen zuverlässig angeboten werden und die entsprechende Kostenbelastung tragbar ist. Es gibt keinen Königsweg zum Projekterfolg, wohl aber *Schlüsselfaktoren*, die vor dem Hintergrund entwicklungsfördernder politisch-administrativer, wirtschaftlicher und gesellschaftlicher Rahmenbedingungen über die Nachhaltigkeit der Vorgaben entscheiden: die Zielakzeptanz des politischen Trägers, die finanzielle Leistungsfähigkeit des Projektträgers und schließlich die Akzeptanz der Projektkonzeption in der Zielgruppe.

6.4 Die Wirksamkeit der Entwicklungszusammenarbeit

Wer soll Reformen durchsetzen?[3]

„Mobilisierung von Veränderungen in der Entwicklungshilfe: Das wichtigste Hindernis für eine Reform der Entwicklungshilfe ist die öffentliche Meinung. Den Verfechtern der Entwicklungshilfe ist Wachstum verdächtig, und den Verfechtern des Wachstums ist Entwicklungshilfe

---

[3] Paul Collier (2008): Die unterste Milliarde. Warum die ärmsten Länder scheitern und was man dagegen tun kann. München. S. 227.

verdächtig. Darum steht der strategische Einsatz von Entwicklungshilfe, um das Wachstum in den ärmsten Ländern zu fördern, nicht an der Spitze der Agenda der Politiker.

[...] Entwicklungsbehörden sollten sich konzentrieren. Das bedeutet, sie müssen größere Risiken akzeptieren und damit auch ein häufigeres Scheitern. Sie sollten dies kompensieren, indem sie ihre Projektaufsicht verstärken, was höhere Verwaltungskosten bedeutet. Sie sollten schneller reagieren und Reformgelegenheiten zu einem früheren Zeitpunkt ergreifen."

Die Wirksamkeit der EZ ist äußerst umstritten. Bereits 1992 und 1998 haben Berichte der Weltbank gezeigt[4], dass die Wirkung der Entwicklungszusammenarbeit schlechter gewesen sei als erwartet. Allerdings deuten die Evaluationen auch darauf hin, dass die Mehrheit der Projekte positive Wirkungen auf die direkt betroffene Zielgruppe hat. Makroökonomisch lassen sich jedoch diese Befunde nicht bestätigen. *Faust* und *Leiderer* sprechen in diesem Zusammenhang von einem **Mikro-Makro-Paradoxon der Entwicklungshilfe**.[5]

Eine Auswirkung dieser unklaren Situation ist, dass die unterschiedlichen Schulen verschiedene Forderungen an die Entwicklungszusammenarbeit stellen. So gibt es einerseits Verfechter der *Big-Push-Theorie* (*Sachs*), die eine starke Erhöhung der Entwicklungshilfe fordern, andere wieder, die genau diese Forderung kritisieren (z.B. *Easterly*).

Um verlässliche Aussagen zu treffen, muss man die Wirkung der Entwicklungshilfe empirisch messen können. Diese empirische Messung ihrer Wirkung auf die tatsächliche Entwicklung wurde bereits in den 1960er Jahren in den Wirtschaftswissenschaften durchgeführt. Dabei kamen einige Studien zu dem Ergebnis, dass es positive Effekte[6] gebe, andere kamen jedoch zu negativen Ergebnissen[7].[8]

---

[4] „Wapenhans-Bericht"/Report of the World Bank Portfolio Management Task Force, 1992 und Assessing Aid: What Works, What Doesn't, and Why, 1998
[5] Jörg Faust/Stefan Leiderer (2008): Zur Effektivität und politischen Ökonimie der Entwicklungszusammenarbeit. In: Politische Vierteljahrsschrift 49 (2008). S. 129.
[6] Vgl. bspw. Hollis B. *Chenery*/Alan M. *Strout* (1966): Foreign Assistance and Economic Development. In: The American Economic Review, Vol.56, No.4, Part 1. S. 679-733.
[7] Vgl. bspw. Nathaniel H. *Leff* (1969): Dependency Rates and Savings Rates. In: The American Economic Review, Vol.59, No.5. S.886-896.

Im Jahr 2000 veröffentlichten die Ökonomen *Burnside* und *Dollar* eine Studie, die nachweisen sollte, dass die Entwicklungshilfe einen positiven Effekt auf das Wachstum in Entwicklungsländern haben kann. Sie verneinen, dass Entwicklungshilfe keinen Effekt habe, sondern erkennen vielmehr, dass Hilfe einen Effekt habe, dieser jedoch abhängig von den politischen Verhältnissen in den betroffenen Partnerländern sei. So gebe es einen positiven Effekt nur in Entwicklungsländern mit guten fiskalischen, monetären und Handelspolitiken. Entsprechend habe sie in Ländern mit schlechter Politik keinen Einfluss.[9] Diese Erkenntnisse wurden in der Folge kritisiert. So wurde beispielsweise darauf hingewiesen, dass das Hinzufügen weiterer Daten zu der Analyse neue Zweifel an der Effektivität von Hilfe aufkommen lasse.[10] Dies führte auch dazu, dass *Burnside* und *Dollar* 2004 ihre Studien fortsetzten und folgerten, dass ihre Ergebnisse von 2000 robust seien.[11]

Zu einem anderen Ergebnis kamen *Doucouliagos* und *Paldam*.[12] Sie führten eine Meta-Analyse zur Wirksamkeit der Entwicklungszusammenarbeit durch und fanden heraus, dass es bei der Bewertung der Wirkungen der EZ zu signifikanten Verzerrungen komme. So wird ein typischer Forscher, sobald er signifikante Resultate, die seine Thesen stützen, findet, diese als Hauptergebnis der Studie präsentieren. Wenn noch hinzukommt, dass Ergebnisse ein wenig geschönt wurden, dann kann man die Wahrheit sehr verfehlen. Daher habe die AEL (Aid Effectiveness Literature) nicht beweisen können, „that aid is effective, even when 74% of the published aid-growth effects are positive"[13]. Zudem wurde gezeigt, dass „the AEL has not managed to show that there is a

---

[8] Siehe auch Ghulam Mohey-du-din (2005): Impact of Foreign Aid on Economic Development in Pakistan (1960-2002). München.

[9] Craig *Burnside*/David *Dollar* (2004): Aid, Policies, and Growth. In: The American Economic Review, Vol 90, No. 4. S. 847: „[...] that it does affect growth, but that ist impact is conditional on the same policies that affect growth".

[10] Vgl. William *Easterly*/Ross *Levine*/David *Roodman* (2003): New Data, New Doubts: A Comment on Burnside and Dollar's ,Aid, Policies, and Growth' (2000). Cambridge.

[11] Vgl. Craig *Burnside*/David *Dollar* (2004): Aid, Policies, and Growth: Revisiting the Evidence. World Bank Policy Research Working Paper 3251, March 2004.

[12] Vgl. Hristos *Doucougliagos*/Martin *Paldam* (2007): The aid effectiveness literature: The sad results of 40 years of research.

[13] Hristos *Doucougliagos*/Martin *Paldam* (2007): The aid effectiveness literature: The sad results of 40 years of research. S.26.

significantly positive effect of aid. Consequently, if there is an effect, it must be small."[14]

Als interessant ist die Erkenntnis von Finn *Tarp*[15] zu bewerten. Dieser meint, dass es sicherlich einfach sei, eine negative Korrelation zwischen Hilfe und Wachstum zu zeigen. Dies liege jedoch vor allem daran, dass die meiste Hilfe an die ärmsten Staaten gehe, die den größten Problemen gegenüberstünden, während die Geber sich aus den Staaten, die sich bereits entwickelt haben, mehr und mehr zurückziehen. Da dieser Schritt einige Zeit in Anspruch nimmt, kann die „‚wahre' Wirkung von Hilfe" nicht durch einfache Korrelationen wiedergegeben werden.

Mit anderen Worten: Die Rezeption der Ergebnisse hängt stark von der Haltung zur Entwicklungszusammenarbeit ab. Daher verwundert auch nicht, dass *Burnside/Dollar* als Vertreter der Weltbank und *Easterly* konträre Meinungen vertreten. Letztendlich kann jeder seine jeweiligen Positionen auch mit den jeweils passenden Statistiken unterstützen.[16] Die Frage, ob die Entwicklungszusammenarbeit durch mehr Geld mehr bewirken kann (Jeffrey *Sachs' Big Push-Theorie*) oder es eventuell sogar besser wäre, sich ganz aus der Entwicklungszusammenarbeit zurückzuziehen, lässt sich daher pauschal nicht beantworten.

Ein anderer Ansatz geht von dem so genannten Wirkungspotential der Hilfe aus. *Klingebiel* nennt zwei Ursachen für die Wirksamkeit von Entwicklungszusammenarbeit. So hänge diese „von der Qualität der zur Verfügung gestellten Unterstützung" sowie „von den Kapazitäten und Fähigkeiten der Partnerländer, diese Mittel sinnvoll einsetzen zu können", ab.[17] Vor allem bezüglich des zweiten Punktes stellt sich die Frage, ob eine Zunahme der Zahlungen auch eine äquivalente Zunahme der Wirkungen impliziere oder ob es entsprechend dem Ersten *Gossen'schen Gesetz* der Ökonomie zu einer *Abnahme des Grenznutzens* führt. Tatsächlich kann man eher davon ausgehen, dass Entwicklungshilfe von einem bestimmten Punkt an mehr schadet als nützt. Dieser so genannte *Sättigungspunkt* soll zwischen 15 und 45 Prozent des Brutto-

---

[14] E Hristos *Doucougliagos*/Martin *Paldam* (2007): The aid effectiveness literature: The sad results of 40 years of research. S.27.

[15] Vgl. Finn *Tarp* (2007): Aid Does Work, but Beware of Great Expectations. In: Poverty in Focus, October 2007. S.10-11.

[16] Vgl. Franz *Nuscheler* (2008): Die umstrittene Wirksamkeit der EZ. Duisburg. S.24.

[17] Stephan *Klingebiel* (2006): Mehr Geld – mehr Wirkung? Neue Risiken durch vermehrte Entwicklungshilfe. In: GIGA Focus Afrika 11/2006.

nationaleinkommens liegen. Der Effekt wird durch makroökonomische Aspekte und Aspekte, die sich auf das politisch administrative System beziehen, hervorgerufen.

Die Absorptionsfähigkeit ist folglich stark von den jeweiligen Partnerländern abhängig und wird insgesamt zu wenig beachtet. So ist auch die *Paris Declaration* zwar ein guter Ansatz für eine Verbesserung der Wirksamkeit, aber nicht ausreichend, um „eine wirksame ODA und wirkungsorientierte Politiken sicher[zu]stellen" (*Klingebiel*).

Vier Punkte verdeutlichen den Zusammenhang zwischen Absorptionsfähigkeit und Governance:

1. Es ist unwahrscheinlich, dass bestehende Governance-Defizite von ODA abhängigen Staaten schnell zu beheben sind (siehe neopatrimoniale Systeme in Afrika).
2. Es gibt negative Wirkungen von ODA auf die Governance-Qualität.
3. Die Ansätze, die der direkten Governance-Förderung dienen, müssen stärker gefördert werden.
4. Es sollte nicht allein auf die ODA geschaut werden, sondern auch andere Aspekte (wie Bildung und Rahmenbedingungen) müssen in Betracht gezogen werden.

6.5 Was lernt man daraus?

Wichtige Entwicklungstrends

	1990	2007	
Bevölkerungsanteil in den Entwicklungsländern, der von weniger als einem US-Dollar am Tag lebt	31,6 %	19,2 %	In China fiel der Anteil von 33 % auf 9,9 %.
Einschulungsrate in der Grundschule in Entwicklungsländern	80 %	88 %	Die Einschulungsrate wurde in Mosambik zwischen 1997 und 2005 von 47 % auf 77 % gesteigert.
Verhältnis Einschulung Mädchen zu Jungen in der Grundschule in Entwicklungsländern	0,89	0,95	In Bolivien wurden 1990 für 10 Jungen nur 9 Mädchen in der Grundschule eingeschult. Heute ist das Verhältnis ausgeglichen.

	1990	2007	
Kinder in Entwicklungsländern, die vor ihrem 5. Geburtstag sterben	10,6 %	8,3 %	In Eritrea konnte die Kindersterblichkeit zwischen 1990 und 2005 halbiert werden.
Anteil der Geburten, bei denen medizinisch geschultes Personal anwesend ist in Entwicklungsländern	43 %	57 %	Der Anteil der medizinisch begleiteten Geburten hat sich in Indonesien mehr als verdoppelt – zwischen 1990 und 2004 von 32 % auf 72 %.
Zahl der AIDS-Kranken in Entwicklungsländern, die lebensverlängernde Medikamente erhalten	0,4 Mio. (Zahl 2001)	2,2 Mio.	Die Kosten für die Behandlung von AIDS- Kranken in Entwicklungsländern sind bis zu 90 % gesunken.
Anteil der Menschen mit Zugang zu Trinkwasser in Entwicklungsländern	70 %	83 %	In Malawi stieg der Anteil derer, die Zugang zu sauberem Wasser haben, zwischen 1990 und 2004 von 40 % auf 73 %.
Anteil der Naturschutzgebiete in Entwicklungsländern an der Landfläche	6,9 %	10,4 %	2006 standen 20 Millionen Quadratkilometer Land und Wasserfläche unter Schutz. Das entspricht der doppelten Fläche Europas.

Darstellung in Anlehnung an: BMZ, Weißbuch zur Entwicklungspolitik, Bonn 2008

Neuere Entwicklungsstufen der Entwicklungspolitik

Monterrey 2002	Auf der **Konferenz der Vereinten Nationen zur Entwicklungsfinanzierung** in Monterrey 2002 bestätigten die Industrieländer, dass sie an dem 1970 festgelegten Ziel, 0,7 % ihres Bruttonationaleinkommens für die Entwicklungszusammenarbeit auszugeben (ODA-Quote), festhalten.
Doha 2008	Ende des Jahres 2008 wird in Doha/Katar eine **Monterrey-Folgekonferenz** stattfinden, die das Erreichte überprüfen und neue Herausforderungen beleuchten soll.
	Die EU-Mitgliedsstaaten haben sich 2002 verpflichtet, ihren durchschnittlichen ODA-Beitrag von 0,33 % (2001) bis 2006 auf 0,39 % zu erhöhen; diejenigen Mitgliedsstaaten, die unter dem damaligen EU-Durchschnitt lagen (wie Deutschland), sagten zu, bis 2006 mindestens 0,33 % zu erreichen.

ODA- Stufenplan	Auf der Tagung des Rates für Allgemeine Angelegenheiten und Außenbeziehungen der **EU im Mai 2005** haben die Regierungsvertreterinnen und –vertreter den **ODA-Stufenplan** für die Mitgliedsstaaten und die EU-Kommission beschlossen. Danach soll Deutschland bis 2010 eine ODA-Quote von 0,51 % des Bruttonationaleinkommens (BNE) erreichen, wobei innovative Finanzierungsinstrumente einen wichtigen Beitrag werden leisten müssen. Das ist ein Zwischenziel, ehe EU-Kommission und Mitgliedsstaaten dann bis 2015 die 0,7 %-ODA-Quote erreichen sollen.

Darstellung in Anlehnung an BMZ, Weißbuch zur Entwicklungspolitik, Bonn 2008

Man kann nur dann Aussagen zur Qualität der Entwicklungszusammenarbeit treffen, wenn man möglichst viele Projekte analysiert und in der Gesamtschau feststellt, ob sie im Großen und Ganzen eher als wirkungsvoll oder als wirkungslos bezeichnet werden können. Das BMZ hat sich vor einigen Jahren zu einer solchen Kraftanstrengung entschlossen und kam zu einer positiven, wenngleich – wie zu erwarten – nicht unumstrittenen Interpretation des Ergebnisses. Dies ist eine Möglichkeit, die Wirksamkeit und die Qualität der Entwicklungspolitik zu beurteilen. Eine andere besteht darin, die globale Gesamtlage zu betrachten, Armutsindizes zu analysieren und Vergleiche auf der Zeitlinie durchzuführen, um zu erkennen, ob die Situation der armen Länder und ihrer Bevölkerung sich seit dem Beginn der Entwicklungspolitik nachweisbar verbessert hat oder nicht. Der Platz ist hier nicht ausreichend, um dies im Detail nachzuverfolgen, daher soll hier eine allgemeine Aussage, die Hinweis für die eigene Analyse sein soll, ausreichend sein: Wer sich mit dieser Frage auseinandersetzt, kommt sehr rasch zu dem Schluss, dass eine differenzierte Betrachtungsweise nach Regionen und Ländern notwendig ist. Konnte man Anfang der 1960er Jahre noch mit etwas Mühe von einem „Süden" reden, der gewisse gemeinsame, strukturelle Bedingungsfaktoren der Unterentwicklung aufwies, so hat sich das Bild inzwischen stark gewandelt und ist sehr ausdifferenziert. Es gibt „die" Entwicklungsländer schon lange nicht mehr. Dementsprechend gibt es im Grunde auch keine pauschale Antwort darauf, ob Entwicklungspolitik – im Chor mit anderen Politiken – etwas zur Verbesserung der Situation beigetragen hat. Wer sich mit den Details befasst, wird feststellen, dass wir es mittlerweile mit einer verwirrenden Vielfalt von Situationen zu tun haben, die trotz aller eingängigen Diskussionen Pauschalurteile verbietet.

Es bleibt zu sagen, dass die deutsche Entwicklungspolitik in der Wahrnehmung vieler Partner einen hohen Stellenwert einnimmt. Das liegt zum einen daran, dass sie sich weitgehend politisch neutral verhält und nicht in dem Maße außen- und sicherheitspolitischen Interessen dient, wie es in vielen anderen Geberländern der Fall ist. Zum anderen ist ihr auf Projektebene ein relativ hohes Maß an Verlässlichkeit und handwerklicher Kompetenz zuzubilligen. Das relativ niedrige außenpolitische Profil der Bundesrepublik hat allerdings nicht dazu beigetragen, deutsche Entwicklungspolitik als kohärente und offensiv vertretene, globale Richtungsbeeinflussung auf dem internationalen Parkett sichtbar werden zu lassen. So bleibt die, etwas pauschale Bewertung übrig: auf der *Mikroebene* hohes Potential, das zum Teil auch genutzt wird, auf der *Makroebene* Nachbesserungsbedarf – auch, wenn die Prioritäten zurzeit definitiv anders gesetzt sind.

Rahmenbedingungen der Entwicklung

Wegen unrealistisch hoher Erwartungen an die langfristigen Wirkungen einzelner Projekte als punktueller Interventionen in einem gegebenen, umfassenden Aktionsfeld ist auf die **Schlüsselrolle der Rahmenbedingungen** hinzuweisen, die stärker als bisher in die Projektplanung einbezogen werden müssen. Denn die Erfolge der Projekte stehen und fallen mit der Entwicklungsorientierung staatlichen Handelns und mit der Berechenbarkeit sektoraler Politik im Partnerland. Sind diese Voraussetzungen nicht gegeben, können sich auch anfangs positive Projektwirkungen in ihr Gegenteil verkehren. Besteht zudem kein Konsens mit den Partnern über Projektziele, Projektdurchführung, Ressourcenausstattung und organisatorische Reformen, sollten Projekte nicht begonnen werden. Mit anderen Worten: Analyse und Auswahl der Träger erfordern größere Sorgfalt als bisher. Wenn keine leistungsfähige Durchführungsorganisation für die Zusammenarbeit zur Verfügung steht, sollte auf ein Projekt verzichtet werden.

Die Partizipation der Zielgruppen ist mehr als ein partnerschaftliches Ritual. Die Kenntnis ihrer Problemsicht, ihrer Ressourcen und kulturell geprägten Verhaltensweise ist für die Zusammenarbeit unverzichtbare Erfolgsvoraussetzung. Werden sie nicht ausreichend einbezogen, können die Wirkungen der Projekte nicht von Dauer sein. So wird die Nachhaltigkeit der Entwicklungszusammenarbeit zur unmittelbaren Folge ihrer partnerschaftlichen Orientierung.

Die Erfolgsbilanz der Entwicklungspolitik hängt nicht nur vom Umfang des staatlichen und privaten Ressourcentransfers von Nord nach Süd und von der Entwicklungsorientierung staatlichen Handelns in den Entwicklungsländern, sondern auch von Reformen in den Industrieländern ab. Das Entwicklungshilfeprogramm der Vereinten Nationen (UNDP) hat errechnet, die Entwicklungsländer büßten durch Handelsbeschränkungen der Industriestaaten weitaus mehr ein, als ihnen als Mittel Öffentlicher Entwicklungshilfe wieder zufließe. Ein dringender Reformbedarf besteht vor allem in folgenden Politikbereichen:

Kohärenz der Gesamtpolitik
Abstimmung zwischen Außen-, Wirtschafts-, Agrar-, Verteidigungs- und Entwicklungspolitik; Bekämpfung der Korruption

Außenhandelspolitik
Öffnung der Märkte für Einfuhren aus Entwicklungsländern, Abbau des Protektionismus, Abbau der Subventionen für Agrarexporte

Ökologische Produktionsweise
Sparsamer Umgang mit natürlichen Ressourcen, Verringerung von Treibhausgasen, Reform der landwirtschaftlichen Produktion

Konsumverhalten
Müllvermeidung, sparsamer Umgang mit Wasser und Heizung, Beachtung von Umwelt- und Sozialstandards

Handel ist entscheidende Voraussetzung für Entwicklung – durch die Erwirtschaftung von Devisen, die Anregung von Investitionen und die Steigerung von Einkommen und Beschäftigung.[18] Die 150 Mitglieder der Welthandelsorganisation (WTO) entscheiden über die Rahmenbedingungen des globalen Handels und die Regeln für die internationalen Handelsbeziehungen. Hochzölle, Agrarsubventionen und Barrieren für den Marktzugang stellen die WTO vor die Aufgabe, die Märkte für Waren und Dienstleistungen zu öffnen, Handelsbarrieren zu verringern und Marktverzerrungen zu beseitigen.

Zur Umsetzung dieser Prinzipien haben die Europäische Union und die AKP-Staaten bis 2008 regionale Wirtschaftspartnerschaftsab-

---

[18] Vgl. BMZ (2008): Weißbuch zur Entwicklungspolitik. Bonn. S.172, 180.

kommen vereinbart, die eine allmähliche Öffnung der Märkte vorsehen. Im Frühjahr 2001 hat die EU ihre Märkte für die ärmsten Entwicklungsländer im Rahmen der „Everything but Arms"-Initiative fast vollständig geöffnet.[19] Um die Ziele der WTO zu verwirklichen, hat Paul Collier vorgeschlagen, die Querfinanzierung der Handelszugeständnisse aller reichen Länder in einer gemeinsamen Einheit zu organisieren und die wohlhabendsten Akteure (USA, Europa, Japan) so stärker unter Druck zu setzen. Erst nach dieser Transferrunde solle die Verhandlungsrunde beginnen. So werde ein stärkerer Druck auf die reichen Länder ausgeübt, akzeptable Angebote zu machen.[20]

---

[19] Vgl. BMZ (2006): Medienhandbuch Entwicklungspolitik 2006/2007. Bonn. S.299.
[20] Vgl. Paul Collier (2008): Die unterste Milliarde. Warum die ärmsten Länder scheitern und was man dagegen tun kann. München. S.214.

7 Was bringt die Zukunft?

Im Rahmen eines knapp gehaltenen, einführenden Lehrbuches kann nicht die gesamte Bandbreite an für die Zukunft anstehenden Aufgaben und Herausforderungen dargestellt werden, das verbietet sich durch die Komplexität des Themas schon selbst.

Entwicklungspolitik ist immer wieder durch „Moden" dominiert worden, was sich nicht zuletzt am steten Wandel in der Prominenz der diversen Entwicklungstheorien gezeigt hat. Beim Blick in die Zukunft ist die Diskussion ohnehin meist von sehr widerstreitenden Thesen gekennzeichnet, wie etwa bei der Entscheidung, ob man den so genannten *Big Push* (Jeffrey Sachs) oder *Selbstheilungskräfte* („Wir retten die Welt zu Tode"; William Easterly)[1] für wichtiger hält. *Nuscheler* folgert, dass es auch weiterhin Entwicklungspolitik geben wird. Dies liegt vor allem erst einmal daran, dass sie von Eigeninteresse der Industriestaaten geleitet wird. Er nennt es „wohlverstandenes Eigeninteresse". Hinzu kommen natürlich auch ethische und außenpolitische Gründe. Die Millennium-Entwicklungsziele (MDG) sind eine wichtige Marke, können aber nicht mehr als ein Zwischenschritt bleiben.[2] Wichtige Institutionen der EZ, wie etwa die Weltbank, benutzen ihre Fähigkeiten zum „agenda-setting", indem sie sich selbst Aufgaben für die Zukunft stellen, an denen sich andere dann oft nolens volens orientieren müssen.

Die Agenda der Weltbank für die nächste Dekade kann demnach, folgt man ihren offiziellen Repräsentanten, folgendermaßen aussehen: Die Welt soll (1) ihre Märkte für die Entwicklungsländer öffnen. Die Industrieländer sollen (2) zumindest ihre jüngsten Hilfezusagen erfüllen und die Entwicklungsländer (3) ihre Regierungsführung verbessern.[3] Das bleibt relativ allgemein. Im Rahmen dieses Buches sollen daher nur exemplarisch zwei Aspekte aufgezeigt werden, an denen

---

[1] Vgl. Franz *Nuscheler* (2007): Wie geht es weiter mit der Entwicklungspolitik. In: Aus Politik und Zeitgeschichte 48/2007. S.3/4.
[2] Ebd. S.10.
[3] Vgl. James D. Wolfensohn/Francois Bourguignon (2004): Development and Poverty Reduction, Looking back, looking ahead. World Bank, October 2004. S.32.

sich sowohl die Komplexität künftiger Herausforderungen widerspiegelt, wie auch die Potentiale, die diese Herausforderungen beinhalten: Die Bemühungen der Europäischen Union, durch die Abschlüsse sog. „European Partnership Agreements" Außenwirtschaftspolitik und Entwicklungspolitik „aus einem Guss" zu schaffen sowie das derzeit extrem hoch gehandelte Thema „Migration und Entwicklung". Mit diesen Darstellungen ist dementsprechend keine Vollständigkeit zukünftiger Herausforderungen angestrebt.

7.1 Die Partnerschaftsabkommen der Europäischen Union: Einseitige Partnerschaft oder fester Referenzrahmen für Kooperation?

In einer Studie aus dem Jahre 2007[4] stellen ein Mitarbeiter der Weltbank sowie einer des Internationalen Währungsfonds fest, dass das Versagen der Geber dabei, Zusagen im Bereich der EZ einzuhalten, weitaus größeren Schaden anrichte als diese gar nicht erst anzubieten – und das in beide Richtungen: Es ist genauso schädlich, mehr zu geben als zugesagt, wie zu wenig oder gar nichts. Von Hilfe abhängige Staaten reagieren darauf mit einem – aus ihrer Sicht „vernünftigen" – Verhalten: Während ihre langfristigen Investitionen auf einem relativ niedrigen Niveau verbleiben – eben auf der Basis dessen, was sie tatsächlich an Hilfe erhalten – steigt bzw. fällt der konsumtive Teil der Staatsausgaben radikal mit den letztlich unvorhergesehenen Hilfeströmen bzw. deren Ausbleiben. Wenn weniger Geld als benötigt hereinkommt, wird sogar eher im investiven Bereich gespart, da Gehälter immer zu zahlen sind. Kommt mehr Geld als erwartet, wird es nicht langfristig genutzt, da unabsehbar ist, ob der Zufluss nicht plötzlich austrocknet, also wird in kurzfristige, konsumtive Ausgaben investiert. Effektivität und Effizienz von Entwicklungszusammenarbeit sehen anders aus.

Die Abkommen zwischen der Europäischen Union und den Staaten aus Afrika, der Karibik und dem Pazifik (AKP), benannt nach den afrikanischen Hauptstädten, in denen sie seit den 70er Jahren abge-

---

[4] Oya Celasun/ Jan Walliser (2007): Predictability of aid: Do fickle donors undermine economic development? Paper presented at the 46th Panel Meeting of Economic Policy in Lisbon, October 19-20, 2007.

schlossen wurden (Yaoundé, Lomé und zuletzt Cotonou), waren ein Versuch, die Nord-Süd-Beziehungen außenwirtschaftspolitisch und entwicklungspolitisch verlässlich zu gestalten. Vor allem in den 70er Jahren hatte dieses weltweit einzigartige Großabkommen einen wichtigen Stellenwert für die Neubestimmung der Nord-Süd-Beziehungen. Diskussionen um eine neue Weltwirtschaftsordnung, das zunehmende Selbstbewusstsein der ölexportierenden Entwicklungsländer – all dies fand sich in den AKP-EU-Beziehungen noch einmal wieder. Als im Zuge der Verhandlungen zur Gründung der WTO deutlich wurde, dass die einseitigen Handelspräferenzen, die die EU den AKP-Staaten gewährte, mit dem neuen Welthandelsregime unvereinbar sein würden, war eine Reform des Systems überfällig. Bereits bei den Verhandlungen zur letzten Runde der AKP-Abkommen wurde diese Perspektive mitbedacht. Das globale AKP-Abkommen sollte durch regionale „*European Partnership Agreements*" (EPAs) ergänzt werden, die zum einen Handelspräferenzen anboten, die mit den WTO-Regeln übereinstimmen, und die zum anderen einen verlässlichen politisch-ökonomischen Referenzrahmen für die Nord-Süd-Kooperation bieten sollten – mit einem starken Schwerpunkt auf der Förderung regionaler Kooperation im Süden.

Die zu diesem Zwecke identifizierten Regionen bzw. Regionalorganisationen sind:

⇨ Die westafrikanische Economic Community of West African States (ECOWAS, und Mauretanien)
⇨ Die zentralafrikanische Communaute Economique et Monetaire de l'Afrique Centrale (CEMAC, und Sao Tomé und Principe)
⇨ Der ost- und südafrikanische Common Market for Eastern and Southern Africa (COMESA)
⇨ Die karibische Caribbean Community (CARICOM)
⇨ Die südafrikanische Southern African Development Community (SADC)
⇨ AKP-Staaten

Dabei war klar, dass die Defizite der bisherigen AKP-EU-Zusammenarbeit in vielen Bereichen den potentiellen Nutzen überschritten haben: Die Kooperation war zu bürokratisch und hat über Jahrzehnte Strukturen konserviert, anstatt Reformen anzustoßen. Ausgleichssysteme für bestimmte Rohstoffe, die direkte Zahlungen bei Preisverfall vorsahen, haben eine Diversifizierung der Produktion verhindert und widersprachen den Prinzipien eines freien Weltmarktes. Frankreichs besondere Politik gegenüber den ehemaligen Kolonien hat über lange Zeit die EU-Politik entweder dominiert oder in strittigen Punkten bewusst ignoriert, die französische Außenpolitik betrachtete die einstmaligen Besitzungen als exklusiven politischen „Hinterhof", der die eigenen Großmachtambitionen unterstützen sollte. Diese Politik schwächte sich erst unter Präsident Mitterand langsam ab. Und schließlich gab es keine klare Agenda bezüglich einer Industrialisierung Afrikas: Die Handelsbeziehungen blieben durchweg stark asymmetrisch[5].

Die Aufteilung der AKP-Staatenwelt in sechs regionale Gruppierungen, die bereits bestehenden regionalen Integrationsbemühungen entsprachen, führte in der Folge zu sechs unterschiedlichen Verhandlungsgeschwindigkeiten und einer Regionalisierung der Außenbeziehungen der EU, und das trotz aller Bemühungen von Brüsseler Seite um Kohärenz. Dies hing sicher auch damit zusammen, dass die verschiedenen Regionen mit unterschiedlicher Verhandlungsmacht in die Konsultationen eintraten und Kritik an verschiedenen Schwerpunkten äußerten. Die westafrikanische Wirtschaftsgemeinschaft ECOWAS erwies sich dabei für die EU als der „dickste Brocken", da hier die Widerstände anfangs stark waren und die Zeitpläne mehrfach revidiert werden mussten.

Die Verhandlungen, die anfangs nur sehr langsam begannen, erwiesen sich als ausgesprochen schwierig, vor allem, da sie von einer stetig wachsenden Kampagne der EPA-Gegner begleitet wurde. Diese – vornehmlich aus dem zivilgesellschaftlichen Bereich des Nordens wie des Südens – fassten die Vorschläge der EU für die abzuschließenden EPAs als einseitige Marktöffnung der AKP-Staaten mit unabsehbaren negativen Folgen für die schwächeren Partner auf. Dazu kam, dass die Verhandlungsfront der AKP-Staaten keinesfalls einheitlich war. Wie man am Beispiel Afrikas sehen kann, qualifizieren sich alleine 33 der 46 Staaten für die „Everything but Arms"-Initiative der EU, die zoll- und quotenfreien Zugang zum Markt gestattet. Die „Least Developed Countries", für die diese Initiative gilt, zeigten demnach nur eine geringe Motivation, den EPAs beizutreten, da sie im Grunde, konform mit den WTO-Regeln, nicht zur Reziprozität gezwungen sind: Ihnen dürfen auch weiterhin einseitige Präferenzen gewährt werden, die sie nicht

---

[5] Robert Kappel (2008): Die Economic Partnership Agreements – kein Allheilmittel für Afrika. In: GIGA-Focus 6 (2008). S. 3/4.

erwidern müssen. Auf der anderen Seite gibt es eine Reihe von Ländern mittleren Einkommens – etwa Ghana oder Nigeria -, die ein vitales Interesse an den EPA-Verhandlungen hatten. Da diese nicht unter die LDC-Kategorie fallen, wären sie bei Nicht-Abschluss eines EPA unter das „General System of Preferences" (GSP) einzuordnen, das weitaus weniger Produkte abdeckt und geringere Vorteile bietet. Für sie war es daher durchaus von Interesse, eine neue, dauerhafte Vereinbarung mit der EU zu erzielen. Darüber hinaus war vielen Regierungen klar, dass ein nicht unterzeichnetes EPA weitere Nachteile nach sich ziehen könnte: vor allem den Verlust der Chance, die eigenen regionalen Integrationsbemühungen zu stärken und gemeinsam einen größeren Gewinn aus einem leichten EU-Marktzugang zu erlangen.

Die bis jetzt abgeschlossenen EPAs und die dahin führenden Verhandlungen weisen eine Reihe von eklatanten Schwachstellen auf, die selbst von Befürwortern des EPA-Gedankens nicht abgestritten werden. Hierzu gehören:

⇨ Mangelnde Kohärenz zwischen den Zielen und Inhalten der EPA-Verhandlungen und denen der regionalen Integrationspolitiken. Dies wurde vor allem dort deutlich, wo afrikanische Staaten Mitglieder in mehreren EPA-Regionen gleichzeitig sind (wie z. B. Tanzania sowohl in der COMESA wie auch der SADC), die aber z. T. unterschiedliche Politiken verfolgen.

⇨ Produkte, die gerade bei leicht verletzlichen Staaten im Rahmen einer Liberalisierung wichtig sind, wurden nicht als „sensibel" klassifiziert. Das Beharren der EU auf einer Liberalisierung auch des Dienstleistungsmarktes – was die WTO-Regeln so nicht verlangen, hat – völlig unnötig – für „böses Blut" in den Verhandlungen gesorgt.

⇨ Die Herkunftsregeln („Rules of Origin") für viele der unter das Präferenzsystem fallenden Waren sind entweder zu kompliziert oder zu streng.

⇨ Wichtige Themen, die mit der Handelsförderung zusammen hängen, wie etwa die Effektivität von Zollverwaltungen, Probleme des internationalen Transports, des Zugangs zu wichtigen ökonomischen Informationen für Unternehmen und Fragen der Förderung des Humankapitals, um die durch ein EPA möglichen Potentiale überhaupt nutzen zu können, wurden bisher weitgehend vernachlässigt.

Eine genuin auf Stabilität und Konsistenz ausgerichtete Entwicklungszusammenarbeit, die sich sachlogisch mit den EPAs verbindet und damit Synergieeffekte auslöst, muss sich in noch viel stärkerem Maße auf Bereiche wie *Capacity Building* und den Aufbau *effektiver Verwaltungsstrukturen* konzentrieren. Gerade in Ländern mit z. T. sehr unterschiedlichen Verwaltungstraditionen sind bürokratische Hemmnisse und damit verbunden vor allem hohe Grade an Korruption ein zentraler Hinderungsgrund auch für die Stärkung des intraregionalen Handels.

Ein weiterer strittiger Punkt bei der Bewertung der EPAs ist die Frage, ob die geplanten ökonomischen Maßnahmen auf einer sehr realistischen Basis stehen. Zentrales Problem ist die Tatsache, dass der Durchschnitt der Zölle in vielen Ländern Afrikas etwa zwei- oder dreimal so hoch ist wie bei den Mitbewerbern unter den Entwicklungsländern. Für viele dieser Staaten, die oft über ein höchst mangelhaftes und löchriges internes Steuersystem verfügen, sind Zölle neben der EZ die einzigen signifikanten Staatseinnahmen. Kritiker bemängeln daher zum einen negative Auswirkungen der Liberalisierungsmaßnahmen auf wichtige staatliche Dienstleistungen wie etwa das Bildungssystem, zum anderen wird auf die Problematik hingewiesen, dass selbst innerhalb der sechs Verhandlungsgruppen die Zolltarifdiversität zum Teil erheblich ist. Innerhalb der westafrikanischen Wirtschaftsgemeinschaft ECOWAS etwa sind die Zölle des regionalen Giganten Nigeria dreimal so hoch wie die der frankophonen Nachbarstaaten[6], hinzu kommen noch einige Importverbote für ausgesuchte Produkte. Afrikanische Staaten fordern auf der anderen Seite die EU zur Beendigung ihrer Agrarsubventionen auf, die ebenfalls stark handelsverzerrende Effekte auslösen.

Letztendlich können die Partnerschaftsabkommen positive wie auch negative Konsequenzen haben. Die Wahrscheinlichkeit positiver Auswirkungen ist höher, wenn die EU die Verfolgung allzu enger ökonomischer Interessen vermeidet und sich stattdessen auf die langfristige und breit angelegte Entwicklung der AKP-Staaten sowie eine echte und ernsthafte Förderung regionaler Integration konzentriert. Dafür ist die EU aber selbst nicht sehr gut aufgestellt: Geberkoordination findet trotz aller diesbezüglicher Bemühungen weiterhin nur in

---

[6] Lawrence Hinkle/Mombert Hoppe/ Richard Newfarmer (2005): Beyond Cotonou: Economic Partnership Agreements in Africa. In: Richard Newfarmer: Trade, Doha, and Development: A Window into the Issues. Washington D.C. S. 267-279.

Ausnahmefällen statt und nationale Partikularinteressen gerade in der EZ haben immer noch einen großen Einfluss auf Kohärenz und Effektivität. So lange die EU in entwicklungspolitischen Fragen nicht überzeugend und legitim mit einer Stimme spricht, kann auch nicht erwartet werden, dass die regionalen Gruppierungen unter den AKP-Staaten große Begeisterung für die Implementierung der Abkommen zeigen. Dabei wäre ein klarer, langfristiger und von allen mitgetragener gemeinsamer Referenzrahmen für entwicklungspolitische Kooperation für alle Beteiligten nur von Vorteil. Diese Chance ist jedoch zumindest bis jetzt nicht ausreichend genutzt worden.

7.2 Entwicklung durch Migration

Migrations- und Entwicklungspolitik sind in vielen Ländern nicht ausreichend aufeinander abgestimmt. Dies kann mit einem einfachen ökonomischen Kalkül erklärt werden: Durch Hin- und Herwanderungen von Arbeitskräften entstehen „Win-Win-Situationen", von denen Aufnahme- und Herkunftsland profitieren. Denn wenn die Einwanderer zu Kettenmigration und Netzwerkbildung fähig sind, kann das jeweilige Industrieland von dieser Situation durch demographische Erneuerung, das Entwicklungsland wiederum durch Kapital- und Wissenstransfer profitieren.[7] Es kommt daher darauf an, die Migrationsforschung stärker für die Entwicklungsperspektive und die entwicklungspolitische Forschung stärker für Migrationsprobleme und ihre Herausforderungen zu öffnen.

Von 1980 bis 2000 hat sich die Zahl der Zuwanderer aus Entwicklungsländern in Industriestaaten um jährlich etwa drei Prozent erhöht. Infolgedessen hat sich der Anteil der Migranten an der Gesamtbevölkerung in den Aufnahmeländern in den letzten 30 Jahren fast verdoppelt. Ohne Zuwanderer hätte sich die Bevölkerungszahl in Deutschland, Italien und Schweden verringert. Die *Linkage*-Modellrechnung der Weltbank rechnet für die nächsten beiden Jahrzehnte mit einem weiteren Anstieg der auswanderungswilligen Arbeitskräfte aus Entwicklungsländern. Hier hat sich im Gegensatz zu den Industriestaaten der Anteil der jungen, an Migration interessierten Altersklassen erheblich

---

[7] Vgl. Dietrich Thränhardt (2005): Entwicklung durch Migration: ein neuer Forschungsansatz. In: Aus Politik und Zeitgeschichte, 27/2005. S.3-11.

ausgeweitet. Demgegenüber verkleinert sich das qualifizierte Arbeitskräftepotential in den Industrieländern.[8]

In der politischen Diskussion um die Folgen der Zuwanderung wird oft ein einfacher Zusammenhang übersehen. Denn die zur Verteidigung eines freien Außenhandels angeführten Argumente treffen grundsätzlich auch auf Migrationsbewegungen zu: Die Flüchtlinge erobern sich bessere Lebens- und Einkommenschancen und unterstützen vielfach auch weiterhin ihre Familien in den Herkunftsländern. Im Haushaltsjahr 2002 beispielsweise erzielten die Länder Lateinamerikas und der Karibik 32 Mrd. US-Dollar an Rücküberweisungen, ein Betrag, der sechsmal so groß war wie die Summe der auf diese Staaten entfallenen öffentlichen Entwicklungshilfe. Solche Rücküberweisungen machten im gleichen Jahr nahezu 30 Prozent des Bruttosozialproduktes von Nicaragua und 25 Prozent desjenigen von Haiti aus. Andererseits wird die Entwicklung der Herkunftsländer der Migranten durch den *brain drain*, d. h. durch den Verlust von Fachkräften beeinträchtigt – so insbesondere in Ghana und Südafrika. Dieser Einbuße steht jedoch in mehreren Ländern, wie etwa in Indien ein *brain gain* gegenüber: Die Migranten kehren mit einem stark verbesserten Erfahrungsschatz und vergrößerter Qualifikation zurück und fördern dadurch die Entwicklungschancen ihrer Heimatländer. Selbst wenn sie sich auf Dauer im Ausland niederlassen, unterhalten sie Verbindungen zu Industrie-, Forschungs- und Entwicklungsfirmen ihrer Herkunftsländer.[9]

Der viel erörterte IT-Boom in Indien ist auch auf die Förderung dieses Landes durch die indische Diaspora in den Auswanderungsländern zurückzuführen.[10] Hier zeigt sich, dass die Arbeitsmigration hochqualifizierter Arbeitskräfte für die Herkunftsländer auch einen *brain gain* verursacht: Migration als Entwicklungsfaktor. Diese These ist jedoch nicht auf den afrikanischen Kontinent übertragbar: Gerade die Abwerbung medizinischer Fachkräfte hat hier zu erheblichen Versor-

---

[8] Vgl. World Bank (2006): Global Economic Prospects. Economic Implications of Remittances and Migration. Washington D.C.
[9] Vgl. Global Commission on International Migration (2005): Migration in an interconnected world: New directions for action. London.
[10] Vgl. Uwe Hunger (2005): Vier Thesen zur deutschen Entwicklungshilfepolitik für Indien. In: Aus Politik und Zeitgeschichte, 27/2005. S.12-18. Carol Dahlmann/Anja Utz (2005): India and the Knowledge Economy. Leveraging Strengths and Opportunities, The World Bank (WBI Development Studies). Washington D.C.

gungsproblemen geführt und Rücküberweisungen allein schaffen noch keinen brain gain.[11] Vielfach setzt die Entwicklungszusammenarbeit – wie etwa in Mosambik – erst dann ein, wenn Konflikte beigelegt sind und Flüchtlingsströme eingedämmt worden sind. Mit anderen Worten: Die afrikanischen Migrationsprobleme werden von der Entwicklungszusammenarbeit kaum beachtet. Ohnehin zählen die afrikanischen Länder mit den stärksten Flüchtlingskrisen (etwa in Sudan und Togo) nicht zu den Schwerpunktländern der Entwicklungszusammenarbeit.

Die wirtschaftlichen Vorteile der Migration betreffen in erster Linie die Familien der Migranten selbst. Das Lohnniveau in Ländern mit hohem Einkommen ist etwa fünfmal so hoch wie das in Niedrigeinkommensländern und stellt daher einen starken Stimulus für Migrationsbewegungen dar.[12] Soweit die Migranten einen Teil ihrer höheren Einkommen in die Herkunftsländer zurück überweisen, sind die wirtschaftlichen Vorteile des Lohngefälles sogar noch größer – trotz aller psychischen und sozialen Kosten der Auswanderung und trotz aller Gefahren von Missbrauch und Ausbeutung.

Unstrittig ist, dass die Rücküberweisungen der Migranten die Lebensbedingungen in den Entsendeländern verbessern. Dennoch ist vor einer „Überweisungseuphorie" zu warnen, weil restriktive Immigrationspolitik in den Aufnahmeländern und ein unattraktives Umfeld für Investitionen in den Herkunftsländern die Vermittlung dieser Entwicklungsimpulse unterlaufen.[13] Der entwicklungsstrategische Schlüssel liegt vielmehr in der Umsetzung eines Konzeptes *zirkulärer Migration*: Nur unter der Voraussetzung einer freieren und zugleich gesteuerten Migration in beide Richtungen kann das entwicklungspolitische Potential der Migration besser genutzt werden. Dieses Konzept legt es den Aufnahmeländern nahe, den Bedarf an qualifizierten und nicht-qualifizierten Migranten genauer zu bestimmen und die Zuwanderung von Migranten entsprechend zu steuern. Im Interesse der Herkunftsländer liegt es, rechtzeitig Anreize für die Rückkehr der Migranten bereitzus-

---

[11] Vgl. Katharina Lohrer (2005): Afrikanische Migration in der deutschen Politik: Sicherheit versus Entwicklung?. Diplomarbeit am Institut für Politikwissenschaft der WWU Münster.
[12] Vgl. World Bank: Global Economic Prospects, a.a.O.
[13] Vgl. Hein de Haas (2005): International Migration, Remittances and Development: Myths and Facts. In: Third World Quaterly, Vol. 26, No. 8, 2005. S. 1269.

tellen und die Rahmenbedingungen für eine entwicklungsfördernde Nutzung der Rücküberweisungen zu verbessern.[14]

Wie können Migrationspolitik und Entwicklungspolitik die Entwicklungsimpulse der Migration verbessern? Durch gezielte Vereinbarungen könnten sich Aufnahme- und Herkunftsländer auf Migrationsprogramme verständigen, die eine zeitlich befristete Auswanderung von Migranten mit geringer beruflicher Qualifikation mit Anreizen für eine zeitige Rückkehr verbinden. Die Herkunftsländer wiederum könnten diese Vereinbarungen durch mehrere Initiativen unterstützen und absichern: Durch verbesserte staatliche Arbeitsplatzangebote, Investitionen in Forschung und Entwicklung und schließlich durch den Ausweis geeigneter Arbeitsplatzangebote für Rückkehrer.

Die Herkunftsländer könnten schließlich die entwicklungspolitischen Impulse von Rücküberweisungen durch eine Reihe von Maßnahmen verstärken. Hierzu zählt der Ausbau von Banknetzen, die es einerseits den heimischen Banken der Herkunftsländer gestatten, auch in den Aufnahmeländern tätig zu werden und es andererseits den Migranten so erleichtern, Überweisungen vorzunehmen. Auch Mikrofinanzeinrichtungen und Kreditgenossenschaften sollte die Durchführung von Überweisungen gestattet werden. Ein stärkerer Wettbewerb auf diesem Markt würde zudem die Transaktionskosten und damit auch die Überweisungsgebühren senken.

Die OECD-Staaten haben jüngst in ihrer „Pariser Deklaration zur Wirksamkeit der Hilfe"[15] eine stärkere Komplementarität der Hilfeleistungen durch effektive internationale Arbeitsteilung gefordert, um die komparativen Vorteile der jeweiligen Geber besser zu nutzen und in Krisenstaaten den Aufbau leistungsfähiger Partnerorganisationen wirksamer voranzutreiben. Die *Global Commission on International Migration* geht noch einige Schritte weiter[16]: Migrationspolitik sei in vielen Ländern durch einen **Mangel an Kohärenz** gekennzeichnet. Die dadurch aufgeworfenen **Koordinationsprobleme** seien nur schwer zu lösen, da die politische Verantwortung auf zahlreiche Ministerien und

---

[14] Vgl. Kevin O´Neal (2005): Discussion on Migration and Development: Using Remittances and Circular Migration as Drivers for Development. Migration Policy Institute, Washington D.C.. S.6.

[15] Vgl. OECD (2005): High Level Forum: Paris Declaration on Aid Effectiveness (Joint Progress Toward Enhanced Aid Effectiveness). Paris. S.6.

[16] Vgl. Global Commission on International Migration (2005): Migration in an interconnected world: New directions for action. London. S.6

sonstige Regierungsstellen entfalle und der Regierungsapparat daher nicht fähig und nicht willens sei, sich den Erfordernissen internationaler Zusammenarbeit insbesondere mit Nachbarstaaten zu stellen. In der Überschneidungszone von Entwicklungs- und Migrationspolitik könnten die Regierungen versuchen, die Rücküberweisungen von Migranten in ihre Heimatländer zu fördern und sie zudem für die Förderung von Entwicklungspolen durch Schaffung eines investitionsfreundlichen Umfeldes für Direktinvestitionen nutzbar zu machen. Rücküberweisungen sollten aus diesen Gründen staatlich gefördert und unterstützt werden. Sie bieten die Chance kräftiger, zusätzlicher Entwicklungsimpulse.

Qualitative Verbesserungen der Entwicklungs- und Migrationspolitik setzen aber nicht nur fundierte Bedarfsanalysen, bessere Planung, Monitoring und Evaluationen der Projekte voraus, sondern auch neue Prioritätensetzungen in den Industrieländern durch Umsetzung zukunftsfähiger Entwicklungsstrategien; politische und sozioökonomische Reformen in den Entwicklungsländern durch Dezentralisierung von Politik und Verwaltung und entwicklungsfördernde Rahmenbedingungen; schließlich die Schaffung fairer weltwirtschaftlicher Rahmenbedingungen im Sinne sozialer und ökologischer Marktwirtschaft, nachhaltiger Bekämpfung der Korruption, wirksamer Entschuldung, Ausbau der Konfliktprävention und Stärkung globaler Rechtsstaatlichkeit.[17] Den globalen Dimensionen dieser Probleme muss dabei durch bessere Koordination, die Stärkung internationaler Regime und durch regionale Integrationsprojekte begegnet werden. Die Berechtigung dieser Forderung unterstreichen vor allem die Erfahrungen der afrikanischen Entwicklungsländer. Aufgabe dieser Projekte ist es nicht zuletzt, Entwicklungschancen und Migrationsperspektiven stärker im Zusammenhang anzugehen.

---

[17] Vgl. Uwe Holtz (1995): Entwicklungspolitik – Bilanz und Herausforderungen. Bonn.

8 Literaturhinweise für vertiefende Studien

Andersen, Uwe (Hrsg.) (1999): Entwicklung der Entwicklungspolitik. Schwalbach.
Ashoff, Guido (2007): Entwicklungspolitischer Kohärenzanspruch an andere Politiken. In: Aus Politik und Zeitgeschichte 48/07, S.17-22.
Bliss, Frank (2000): Die Praxis der deutschen Entwicklungszusammenarbeit. Bonn.
BMZ (2008): Auf dem Weg in die Eine Welt – Weißbuch zur Entwicklungspolitik. Bonn.
BMZ (2006): Medienhandbuch Entwicklungspolitik 2006/2007. Bonn.
Boccolari, Christina (2002): Nachhaltige Entwicklung. Eine Einführung in Begrifflichkeit und Operationalisierung. Band 32 der Reihe „Dokumente und Materialien" des Institus für Politikwissenschaft der Johannes Gutenberg-Universität Mainz. Mainz.
Borrmann, Axel/Fasbender, Karl/Holthus, Manfred (1999): Erfolgskontrolle in der deutschen Entwicklungszusammenarbeit: Analyse, Bewertungen, Reformen. Baden-Baden.
Braun, Gerald (1985): Nord-Süd Konflikt und Entwicklungspolitik: eine Einführung. Opladen.
Burnside, Craig/Dollar, David (2000): Aid, Policies, and Growth. In: The American Economic Review, Vol. 90, No. 4.S. 847-868.
Burnside, Craig/Dollar, David (2004): Aid, Policies, and Growth: Revisiting the Evidence. World Bank Policy Research Working Paper 3251.
Collier, Paul (2008): Die unterste Milliarde. Warum die ärmsten Länder scheitern und was man dagegen tun kann. München.
Durth, Rainer/Körner, Heiko/Michaelowa, Katharina (2002): Neue Entwicklungsökonomik. Stuttgart.
Easterly, William Russel (2006): Wir retten die Welt zu Tode, Frankfurt am Main.
Faust, Jörg/Leiderer, Stefan (2008): Zur Effektivität und politischen Ökonomie der Entwicklungszusammenarbeit. In: Politische Vierteljahresschrift, 49(2008),1, S. 129-152.
Fuhr, Harald (2008): Entwicklungstheorie und Entwicklungspolitik. Eine Einführung. Baden-Baden.

Global Commission on International Migration (2005): Migration in an interconnected world: New directions for action. London.

Gruber, Petra (2008): Nachhaltige Entwicklung und Global Governance. Verantwortung. Macht. Politik. Opladen.

Hirsch, Klaus/Seitz, Klaus (Hrsg.) (2005): Zwischen Sicherheitskalkül, Interessen und Moral. Frankfurt am Main.

Hemmer, Hans-Rimbert (2002): Wirtschaftsprobleme der Entwicklungsländer. München

Holtz, Uwe (1995): Entwicklungspolitik – Bilanz und Herausforderungen. Bonn

Ihne, Hartmut/Wilhem, Jürgen (Hrsg.) (2006) Einführung in die Entwicklungspolitik, Münster.

Janowski, Hans-Norbert/Kappeler, Beat (2008): Globale Akteure der Entwicklung. Die neuen Szenarien. Wiesbaden.

Kaiser, Martin/Wagner, Martin (1986): Entwicklungspolitik. Grundlagen – Probleme – Aufgaben. Bonn.

Kevenhörster, Paul (2006): Politikwissenschaft. Band 2: Ergebnisse und Wirkungen der Politik. Wiesbaden.

Klemp, Ludgera (2000): Entwicklungspolitik im Wandel: Von der Entwicklungshilfe zur globalen Strukturpolitik. Bonn.

Kuhn, Katina/Rieckmann, Marco (Hrsg.) (2006): Wi(e)der die Armut? Positionen zu den Millenniumszielen der Vereinten Nationen. Bd. 9 der Reihe „Innovationen in den Hochschulen: Nachhaltige Entwicklung". Frankfurt am Main.

Kuhn, Berthold (2005): Entwicklungspolitik zwischen Markt und Staat. Frankfurt am Main.

Lancaster, Carol (2007): Foreign Aid. Chicago.

Menzel, Ulrich (1992): Das Ende der Dritten Welt und das Scheitern der großen Theorie. Frankfurt am Main.

Menzel, Ulrich (2004): Paradoxien der neuen Weltordnung. Frankfurt.

Messner, Dirk/Scholz, Imme (Hrsg.) (2005): Zukunftsfragen der Entwicklungspolitik. Baden-Baden.

Nohlen, Dieter/Nuscheler, Franz (1992): Handbuch der Dritten Welt. Bd. 1. Grundprobleme, Theorien, Strategien. Bonn.

Nohlen, Dieter (2002): Lexikon Dritte Welt. Länder, Organisationen, Theorien, Begriffe, Personen. 12. Auflage. Reinbeck bei Hamburg.

Nuscheler, Franz (2008): Die umstrittene Wirksamkeit der Entwicklungszusammenarbeit. INEF Report 93. Duisburg.

Nuscheler, Franz (2006): Die Millennium Entwicklungsziele. Entwicklungspolitischer Königsweg oder ein Irrweg? Bonn.
Nuscheler, Franz (2005): Entwicklungspolitik. Eine grundlegende Einführung in die zentralen entwicklungspolitischen Themenfelder Globalisierung, Staatsversagen, Hunger, Bevölkerung, Wirtschaft und Umwelt, 5. Auflage. Bonn.
Nuscheler, Franz (2004): Lern- und Arbeitsbuch Entwicklungspolitik. 5. Auflage. Bonn.
Neß, Oliver (2004): Das Menschenrecht auf Entwicklung. Münster.
OECD (2006): Erklärung von Paris über die Wirksamkeit der Entwicklungszusammenarbeit. (Deutsche Übersetzung durch den Deutschen Übersetzungsdienst der OECD); http://www.oecd.org/data oecd/37/39/35023537.pdf
OECD, High Level Forum (2005): Paris Declaration on Aid Effectiveness. Paris.
Sachs, Jeffrey (2007): Das Ende der Armut, 2. Auflage. München.
Stiglitz, Joseph (2006): Die Chancen der Globalisierung. München.
Stockmann, Reinhard (Hrsg.) (2007): Handbuch zur Evaluation.. Eine praktische Handlungsanleitung. Münster.
Tetzlaff, Rainer (1996): Weltbank und Währungsfonds – Gestalter der Bretton Woods-Ära. Opladen.
Wolfensohn, James/Bourguignon, François (2004): Development and Poverty Reduction.: Looking back, looking ahead. Paper Annual Meeting World Bank 2004.
World Bank (2006): Global Economic Prospects. Economic Implications of Remittances and Migration. Washington D.C.
World Bank (1998): Assessing Aid: What Works, What Doesn´t, and Why. Oxford.

Zeitschriften:

InWEnt: Entwicklung + Zusammenarbeit „E+Z"
GIGA: GIGA Working Paper Series
Verein zur Förderung der entwicklungspolitischen Publizistik e.V. (VFEP) (kirchliche Entwicklungswerke): Welt-sichten. Magazin für globale Entwicklung und ökonomische Zusammenarbeit

Internetadressen:

Bertelsmann Transformations Index: www.bertelsmann-transformation-index.de
BMZ: www.bmz.de
Development Exchange Education in Europe Project: www.deeep.org
Entwicklungspolitik Online (Webportal zur Internationalen Zusammenarbeit im deutschsprachigen Raum) : www.epo.de
German Institute of Global and Area Studies: www.giga-hamburg.de
GTZ: www.gtz.de
Internationaler Währungsfonds: www.imf.org
KFW: www.kfw.de
OECD: www.oecd.org
Transparency International: www.transparency.org
Society for International Development: www.sid-hamburg.de
VENRO: www.venro.org
Weltbank: www.worldbank.org

MIX
Papier aus verantwortungsvollen Quellen
Paper from responsible sources
FSC® C105338

If you have any concerns about our products,
you can contact us on
ProductSafety@springernature.com

In case Publisher is established outside the EU,
the EU authorized representative is:
**Springer Nature Customer Service Center GmbH
Europaplatz 3, 69115 Heidelberg, Germany**

Printed by Libri Plureos GmbH
in Hamburg, Germany